The five minute healer

바쁜 사람들을 위한 5분 치료

The five mimute healer

바쁜 사람들을 위한 5분 치료

제인 알렉산더 지음 | 이상민 옮김

❖❖❖ 하남출판사

The five minute healer

이 책을 활용하는 방법

더욱 생기 있고 힘찬 생활을 원하지 않으십니까? 하루 종일 상쾌하고 차분하며, 가벼운 기분으로 집중하여 생활하고 싶지 않으십니까? 이런 삶을 위한 해답을 이 책에서 제시하고 있습니다.

자연 치료법을 이용한 간단한 방법만으로도 최상의 건강을 유지하고 활력 있는 삶을 살 수 있습니다. 또한 삶의 에너지와 힘이 균형을 이루도록 할 뿐 아니라, 일상 생활에서 나타나는 긴장과 스트레스를 이겨나갈 수 있도록 도와 줍니다.

누구나 좀더 건강하고 활기찬 삶을 원하지만, 자신에게 알맞은 치료방법을 찾을 수 없던 분들과 늘 시간에 쫓겨 여유가 없는 분들에게 〈바쁜 사람들을 위한 5분 치료〉가 그 해답을 드리겠습니다. 그동안 여러분들은 복잡한 치료를 받고, 오랜 시간 동안 운동을 하고, 까다로운 식단을 지키며 생활을 하느라고 여유가 없었을 것입니다. 이제 복잡한 연구 결과, 조언, 딜레마는 모두 잊어버리십시오. 명쾌하고 빠르며, 효과적인 방법을 제시해 드리겠습니다.

이 책에서는 각 장마다 활기차고, 기분 좋게 하루하루를 보낼 수 있는 자연적이면서도 효과적인 방법을 일상 생활 속에서 활용할 수 있도록 안내하고 있습니다.

한 예로 출퇴근 시간에 차가 막히거나 주요한 회의를 할 때에도 빠르게 대처할 수 있는 효과적인 방법을 제시해 드립니다.

즉각적으로 에너지가 필요하거나, 스트레스로 가득 찬 하루를 보낸 후에 마음을 가라앉히고 싶은 경우에도, 이 책 속에 그 해답이 들어있습니다.

이 책은 바쁘게 움직여야 하는 현대인들을 위한 모든 해답을 알려 드립니다. 또한 이 책은 독자 여러분의 결정에 따라 다각도로 활용될 것입니다. 응급 처치를 위한 지침서로 활용될 수도 있으며, 에너지가 부족하거나 스트레스가 심하다고 느낄 때, 이 책에서 자신에게 필요한 방법을 찾아 따를 수도 있습니다. 만약 이 책을 좀더 구체적으로 활용하고 싶다면, 건강한 삶을 위해서라도 가능한 한 모든 지침들을 완벽하게 따르는 것이 좋습니다.

이 책에 나와 있는 모든 방법들만으로도 삶의 정상을 맛볼 수 있으며 에너지가 넘치며, 몸과 마음이 모두 조화로운 상태를 유지하게 됩니다.

누구나 더 많이 노력하고, 더 많은 방법을 따를수록, 더 건강해질 수 있습니다. 이 책에서 제시하는 모든 치료방법은 효과적일 뿐만 아니라 재미도 있습니다. 건강한 습관을 만들기 위해 가장 중요한 방법은 즐길 수 있는 방법을 찾는 것입니다.

건강의 노예가 되고 싶어하는 사람은 아무도 없습니다. 삶이란 즐기기 위한 것이니까요. 저는 여러분이 모두 건강하고, 에너지가 넘치는 아름다운 삶을 살 수 있길 바랍니다.

제인 알렉산더(Jane Alexander)

Contents

이 책을 활용하는 방법 5

제1부 : 일어나서 하루 시작하기

제1장 긍정적인 하루 시작하기 10

새로운 시작, 새로운 하루 12
개운한 기분으로 하루 시작하기 13
상쾌한 하루 맞이하기 14
바른 자세로 서기 16
활력 불어넣기 18
힘든 일에 대비하기 22
차분한 마음으로 집중하기 23
성공을 위한 옷차림 24

제2장 힘을 주는 아침 식사와 빠른 치유법 26

건강한 식사 28
영양이 넘치는 아침 식사 30
건강을 위한 아침 식사 32
구토와 소화 불량 34
숙취 해소 36
해독 작용 37
감기 퇴치 38

제3장 출근길 40

자동차를 안식처로 만들자 42
척추를 보호하자 43
스트레스를 분출하자 44

긴장감을 잃지 말자 45
운전중 받는 스트레스를 날려 버리자 46
차분한 기분을 유지하자 47
기다리는 동안 차분함을 잃지 말자 48
에너지의 균형을 맞추자 50
성공을 향한 발걸음 51

제2부 : 직장에서의 생활

제4장 업무 공간 54

책상과 마음을 깨끗히 하기 56
커리어(전문적인 경력) 쌓기 58
회사에서 인정받기 60
새집 증후군 퇴치하기 62
등과 목의 통증 완화 64

제5장 신체적, 정신적 스트레스 완화 66

집중하기 68
눈의 피로 풀기 70
즉각적인 원기 회복하기 72
자신감 회복하기 74
수줍음 없애기 76
논쟁 가라앉히기 78
활력이 넘치는 회의 80
친밀한 관계 형성하기 82
우울한 기분 떨치기 84
실망감 극복하기 86
음악을 통한 기분 전환 88

제6장 휴식 91

에너지 충전 92
원기 재충전 94
흥분 가라앉히기 95
몸과 마음의 균형 맞추기 96
오전에 있었던 나쁜 일 잊어버리기 98
전신 다스리기—소리 명상 100

제3부 : 하루 마무리 하기

제7장 업무 잊어버리기 104

미래 지향적인 생각, 내일을 계획하자 106
일은 잊어버리고, 휴식하기 108
기분 전환 110
힘들었던 하루는 이제 잊자 111

제8장 자신만을 위한 시간 112

기분 전환을 위한 음식 114
스스로 준비하는 '즐기기' 116
문제 해결 118
창조력 발휘 119
자신에게 가장 잘 어울리는 운동 찾기 120
티베트식 치료 방법을 이용한 균형 잡힌 식단 122
사랑 만들기 124
요가를 통한 내면의 평화 찾기 126

제9장 하루의 마무리 128

편안한 수면과 아늑한 침실 만들기 130
기분 좋은 공간 132
안전한 공간 조성 134
배우자와 함께 마사지하기 136
평화로운 기분 138
숙면 140
어려 보이기 142
바이러스와 감기 떨쳐 버리기 144
관능적인 기분 느끼기 145
멋진 최상의 섹스 146
불면증 치료 148
정신 세계 분석하기 150

옮긴이의 말 154
찾아보기 156

일어나서 하루 시작하기

1부

잠에서 깨어난 직후의 몇 분이 하루를 좌우한다.
이 시간을 잘 활용하여 활기찬 하루를 보낼 수 있도록 하자.

1
긍정적인 하루 시작하기

잠에서 깨어나면 또 다른 하루가 시작되고, 새로운 출발이 우리를 기다리고 있다. 하루를 시작하는 과정은 아주 중요하다. 잠에서 깨어난 직후의 몇 분 동안의 기분과 태도가 하루의 기분을 좌우한다. 침대에서 겨우 기어 나와서, 하루 동안 해야 할 일을 걱정만 한다면, 앞으로 펼쳐질 하루가 힘들 수밖에 없다. 즐겁고, 활기차고, 에너지가 넘치며, 기쁜 하루를 보내고 싶다면, 그런 기분으로 하루를 시작해야 한다.

하루를 시작하는 데에는 두 가지 중요한 요소가 있다. 하나는 올바른 방법으로 움직이는 것이다. 잠을 자는 동안에는 몸을 거의 움직이지 않기 때문에 아침에 침대에서 일어날 때에는 몸을 따뜻하게 하고 부드럽게 움직여 주어야 한다. 기(氣)와 같은 미세한 에너지를 활용하여 몸에 활력을 불어넣어 주어야 한다.

잠에서 깨어나 스트레칭을 하면 머리를 맑게 하는 데 도움이 된다. 그런 다음 떠오르는 태양을 보면서 요가를 하거나 아침 뉴스를 보면서 가볍게 운동을 하는 것이 좋다. 몸을 가볍게 두드려주고 샤워를 하여 에너지가 척추를 타고 온 몸에 전해지도록 한다. 가벼운 스트레칭은 차분하고 자신감이 넘치는 마음으로 하루를 시작하는데 큰 도움이 된다.

하루를 시작할 때 중요한 또 다른 하나의 요소는 태도이다. 오늘 하루가 어떠하기를 바라는가? 차분하고 집중할 수 있으며, 힘이 넘치는 하루를 보내고 싶은가? 어려운 회의와 결정을 해야 하는 힘든 날이 기다리고 있는가? 이번 장에서는 매일매일 시작되는 하루를 맞이할 준비를 하는 방법에 대해서 살펴볼 것이다.

믿기 힘들 수도 있지만, 누구에게나 자신에게 맞는 색(色)이 있다. 그러한 색깔의 옷을 고르면 자신의 목표를 이루는데 도움이 된다. 이 책에서 제시하는 성공을 위한 색의 선택법과 그에 따른 옷을 입는 방법을 따르면 놀라우리만큼 변화됨을 느끼게 된다.

처음에는 매일매일 하지 않던 미소와 스트레칭으로 하루를 시작하는 것이 무척 힘들 수도 있지만, 하루를 시작하기에 이보다 좋은 방법은 없다. 분명한 것은 자기 자신만이 자신의 하루를 바꿀 수 있다는 사실을 기억해야 한다. 약간의 노력만 하면 멋진 하루를 보낼 수 있다.

새로운 시작, 새로운 하루

잠에서 막 깨어난 당신 앞에 새로운 날이 기다리고 있다. 기상 직후의 5분이 어떤 하루를 보내게 될 지 결정을 하게 된다. 따라서, 이 5분 동안 자신이 원하는 하루를 만들어나가기 위한 노력이 필요하다.

주의

★일어났을 때 몸이 춥거나 차갑게 느껴진다면 스트레칭을 하지 않는 것이 좋다. 스트레칭을 하기에 앞서 우선 몸이 따뜻해지도록 해야 한다.

★목이나 등에 문제가 있다면 스트레칭을 하기 전에 먼저 의사와 상의하는 것이 좋다.

몸과 마음 깨우기

1 일어나자마자 침대 밖으로 나오지 않는다. 가만히 누워서 자신의 몸과 기분상태를 느껴본다.

2 몸을 쭉 뻗는 스트레칭을 한다. 우선 팔을 머리 위로 쭉 뻗어 올리고, 발을 침대 끝까지 뻗어 본다.

3 무릎을 가슴까지 끌어올린 후, 옆으로 내린다. 천천히 머리와 팔을 무릎 반대쪽으로 돌린다. 처음에는 등이 좀 당길 수도 있다. 다시 반대로 한다.

4 침대 끝에 걸터앉는다. 천천히 몸을 옆으로 기울여 오른쪽 귀가 오른쪽 어깨에 닿게다. 그런 다음, 다시 왼쪽 귀가 왼쪽 어깨에 닿을 수 있도록 몸을 기울인다. 모두 5회 반복한다.

5 이제 일어선다. 발바닥을 통해 바닥에서 몸으로 전해지는 조용하면서도 강한 힘을 느낀다. 팔을 들어 올리고 머리 위에서 태양이 쏟아진다고 상상하며, 마음 속 가득히 자신감과 긍정적인 마음가짐이 생겨나도록 한다.

6 팔을 다시 허리 옆에 두고 원을 그리듯 돌려주어, 허리가 부드럽게 돌아가도록 한다. 하루 동안 일어날 많은 일들을 능숙하게 처리하는 자신의 모습을 상상한다.

7 손을 모으고 눈을 감은 상태에서 오늘의 목표를 말한다. 가령, "비전과 믿음, 친절한 마음으로 오늘 하루를 보낼 꺼야." 라고 말을 하는 것이다. 자신만의 목표를 이야기하되 의미 있는 말을 하는 것이 좋다.

개운한 기분으로 하루 시작하기

샤워를 통해 몸과 마음을 좀 더 개운하게 만들어보자. 샤워 시 솔을 이용해 가볍게 피부를 두드려준다. 이 방법은 가장 쉬우면서도 효과적으로 몸을 재충전시키고 더욱 건강해지도록 한다.

이 방법을 사용하면 림프계|인체에 있는 면역계에서 가장 중요한 부분|를 자극하여 독소를 배출할 수 있다. 또한 이 방법은 셀룰라이트|Cellulite ; 지방, 물, 노폐물로 된 물질로 둔부나 대퇴부에 멍울지는 것|를 분해시키는 데에도 도움이 되며, 피부를 깨끗하고 빛나게 해 준다. 상쾌하게 샤워를 하고 긍정적인 생각을 하면서 다음 방법을 따라 하면 즐거운 기분으로 하루를 시작할 수 있다.

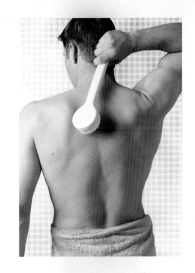

가볍게 피부 두드리기

1 손잡이가 길고 굵은 털이 많은 솔을 사용한다.

2 샤워를 하기 전, 피부에 물을 묻히지 않은 상태에서 가볍게 피부를 두드린다. 이 책에서 설명하는 방법대로 5분 이상 몸을 두드리면 피부에서 윤기가 난다.

3 우선 발, 발가락, 발바닥부터 시작한다. 그런 다음, 다리의 앞쪽과 뒤쪽을 부드럽고 길게 두드린다. 몸을 두드릴 때에는 항상 생식기의 먼 곳에서 가까운 부위로 두드린다.(생식기 부위에는 중요한 림프절이 모여 있다.)

4 엉덩이와 허리 아래쪽을 서서히 두드리면서, 겨드랑이 쪽으로 이동한다.(겨드랑이 부위에는 중요한 림프절이 더 많이 모여 있다.)

5 손바닥부터 시작하여 양쪽 팔을 두드려서 겨드랑이까지 두드려준다.

6 어깨를 두드려주고 가슴과 심장 쪽으로 내려온다. 여성의 경우, 유두를 건드려서는 안 된다. 그런 다음, 뒷목을 가볍게 두드린다.

7 복부에는 원모양을 그리며 가볍게 두드린다. 이때, 생식기는 피하는 것이 좋다. 시계 방향으로 두드리면 장운동을 도울 수 있다.

상쾌한 하루 맞이하기

하루를 활기차게 시작하기에 가장 좋은 방법이 태양 예배 자세이다. 이 자세는 유명한 요가 동작 중 하나로 몸에 있는 근육이 쭉 펴지도록 하는 동시에 내부 장기를 마사지해주며 유연성을 높여준다.

태양예배 자세

우선 1번부터 10번으로 이어지는 동작을 모두 따라 한다. 점차 횟수를 늘려 모두 12회를 할 수 있도록 한다. 연습을 하다 보면, 한 동작에서 다음 동작으로 자연스럽게 넘어갈 수 있다. 지시 사항을 녹음하여 동작을 할 때 틀어놓고 따라 하면 도움이 된다.

1 발을 모으고, 곧은 자세로 선다. 이때 엄지발가락이 서로 붙도록 하고, 팔은 양옆으로 내린다. 턱은 당기고, 정면을 응시하며, 어깨를 가볍게 내린다.

10 이제 발을 모으고 곧게 선다. 엄지발가락을 서로 붙이고 팔은 옆으로 내린다. 정면을 응시하면서 숨을 내쉬고 양손을 가슴높이로 들어올려 모은다.

8 숨을 들이마시고 4번 자세를 취한다. 이번에는 왼쪽 다리를 뒤로 쭉 뻗는다.

9 또 다시 숨을 내쉬고 3번 자세를 취한다. 그런 다음, 팔을 머리 위로 들어올리고 숨을 들이마신 다음 2번 자세와 같이 고개를 뒤로 젖힌다.

2 팔을 쭉 뻗어 머리 위로 올린다. 숨을 깊고 천천히 들이마신다. 숨을 들이마신 후, 양손의 손바닥을 붙이고 고개를 젖혀 엄지손가락을 쳐다본다.

3 숨을 내쉬면서 몸을 앞으로 숙인다. 손바닥이 땅에 닿도록 하여 발의 양옆에 둔다. 머리가 무릎에 닿도록 한다.(처음에는 무릎을 살짝 굽혀도 된다.)

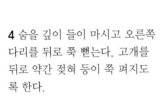

4 숨을 깊이 들이 마시고 오른쪽 다리를 뒤로 쭉 뻗는다. 고개를 뒤로 약간 젖혀 등이 쭉 펴지도록 한다.

5 숨을 다시 내뱉고 왼쪽 다리도 뒤로 뻗는다. 이때 발가락은 세운다. 양팔을 어깨 넓이로 벌리고 쭉 편 상태에서, 손바닥을 바닥에 대고 몸을 지탱한다. 머리, 등, 다리가 구부러지지 않고 쭉 펴지도록 한다. 천천히 깊게 호흡을 한다.

7 다시 숨을 들이마시고, 손바닥을 앞쪽 바닥에 댄 상태에서 팔을 쭉 편다. 몸을 뒤로 젖히고 머리는 위를 향한다. 그런 다음, 숨을 내쉬고 6번 자세를 취한 다음, 다시 5번 자세로 되돌아간다.

6 숨을 내쉬고 몸을 낮춘다. 복부는 위로 들어올리고 발가락, 무릎, 손, 가슴, 이마만 바닥에 닿도록 한다.

바른 자세로 서기

바닥에 두발을 흔들림 없이 대고 선후, 머리를 똑바로 한다. 신경이 흘러가도록 하려면, 기공체조를 하는 것이 좋다. 간단한 기공 체조만으로도 집중력이 향상되고, 창조력이 생기며, 활력이 넘치고, 스트레스를 잘 이겨낼 수 있다.

> **주의**
> 기공은 매우 강렬한 운동이다. 만일 흉부에 문제가 있을 경우, 기공 체조를 할 때 조심해야 한다. 혈압이나 심장에 이상이 있는 사람은 숨을 멈추면 안 된다. 만일, 자신의 상태에 대해 조금이라도 의심스러운 점이 있다면 의사와 상의하는 것이 좋다.

기본 자세(기공의 기본자세)

기공의 기초 자세는 이 책에 설명된 다른 동작들의 시작과 같다. 이 자세를 취하면 모든 장기가 올바른 위치에 놓이게 되고, 자신의 몸을 느낄 수 있다.

1 발을 어깨 넓이로 벌리고 선다. 자연스럽게 균형을 잡고 서서, 몸이 앞이나 뒤로 기울지 않도록 한다.

2 뒤꿈치와 발가락의 땅에 닿는 부분이 얼마나 편한가를 느낀다.

3 무릎의 힘을 빼고, 살짝 구부린다.

4 허리 아래쪽, 배, 엉덩이에 힘을 뺀다.

5 어깨의 힘을 빼고 부드럽게 돌리면서 가슴이 텅 빈 듯한 느낌이 들도록 한다.

6 머리카락이 정수리와 천장을 연결하고 있다고 상상한다. 머리가 자유롭게 떠다니고 있는 듯한 기분을 느껴본다. 혀, 입, 턱의 힘도 뺀다.

7 이 상태로 서서, 손을 양옆으로 가볍게 내리고, 몇 분 동안 가만히 있는다.

8 오행(五行)의 요소에 마음을 집중한다. 땅에 마음을 집중하여 그 무게와 뿌리를 느낀다. 물에 마음을 집중하여 자유로운 움직임을 느낀다. 공기에 마음을 집중하여 가볍고 투명한 기운을 느낀다. 불에 마음을 집중하여 불꽃을 느낀다. 우주에 마음을 집중하여 각 관절, 근육, 호흡, 자신의 마음 속에 있는 우주를 느낀다.

9 기공 체조를 하는 동안, 마음을 편안하게 한다.

용이 움직이는 자세

이 체조를 하면 마음이 차분해진다. 특히, 아침에 할 경우, 집중력이 좋아지고 활기찬 하루를 보내는데 도움이 된다. 몸을 위로 들어올리면서 숨을 내쉬고, 다시 몸을 내리면서 숨을 들이쉬어야 한다. 반대로 하는 경우가 많은데, 호흡 방법을 지키지 않으면 효과가 줄어든다.

1 기본 자세를 취한다.(p.16)

2 숨을 내쉬면서 천천히 몸을 들어올려 발가락으로 몸을 지탱한다. 몸을 위로 쭉 뻗고, 복부의 힘을 뺀다. 동시에, 팔은 아래로 쭉 내리고 손가락에 힘을 주어 바닥을 향하도록 한다.

3 이번엔 숨을 들이쉬면서 천천히 아래로 내려온다. 이 과정을 최소한 5회 이상 반복한다.

하늘 떠받들기 자세

이 동작을 하면 하늘과 땅과 연결된다.
즉, 정신이 고양되면서도 안정되는 것이다.

1 기본 자세를 취한다.(p.16 참조)

2 숨을 들이쉬고 손바닥이 몸통을 향하도록 하여 손으로 복부, 가슴을 쓸어 올린다. 손을 좀 더 위로 올려 얼굴을 지날 때, 손을 뒤집어 손바닥이 하늘을 향하도록 한다.

3 하늘을 떠받치는 듯한 느낌으로 몸을 펴고 팔을 쭉 뻗는다.(우측 사진 참조) 이 동작을 하는 동시에, 발이 땅에 뿌리를 내리는 듯한 느낌으로 아래를 향해 힘을 준다. 그런 다음 숨을 내쉬고 동작을 반복한다. 모두 6회 반복한다.

4 이번에는 발을 아래로 누르는 대신, 발가락으로 몸무게를 지탱하면서 천천히 위로 올라간다. (우측 사진 참조) 그런 다음 팔과 다리를 완전히 쭉 편다.

몸에 활력 불어넣기

아침에 시간이 없다면, 뉴스를 보고 들으면서 운동을 할 수 있다. 작은 트램펄린|Trampolin ; 스프링이 달린 사각형 또는 육각형 모양의 매트 위에서 뛰어오르거나 공중회전 등을 하는 체조경기의 일종| 위에서 가볍게 뛰어주면 간단하면서도 효과적으로 몸에 활력을 불어넣을 수 있다. 뿐만 아니라, 에너지가 증가하게 되고 스트레스 없는 하루를 준비할 수 있게 된다.

> **주의**
> 심장병, 현기증, 흉부 통증, 골다공증, 관절염, 관절 통증, 자궁 탈수, 망막 박리, 정맥염 등이 있는 경우 운동을 하기 전에 먼저 의사와 상의해야 한다.

준비 운동
트램펄린 위에서 다리를 어깨 넓이로 벌리고 기공 체조의 기본 자세로 선다.(p.16 참조) 이때 호흡은 깊고 편안하게 해야 한다.

뛰어 오르지 말고, 가볍게 발로 반동을 준다. 무릎의 긴장을 풀고 가볍게 걷는다. 발이 부드럽고 리드미컬하게 움직이며, 팔을 편안하게 흔들어 준다. 오른쪽 다리를 올릴 때 왼쪽 팔이 앞으로 나오도록 하고, 왼쪽 다리를 올릴 때 오른쪽 팔이 앞으로 나오도록 한다.

에어로빅 운동

이제 준비 운동이 다 되었으면, 좀 더 강도가
높은 운동을 통해 근육을 단련시키고 맥박을
증가시키면 된다.

가볍게 뛰기

한쪽 발은 앞으로, 다른 쪽 발은 뒤로 밀어주면
서 가볍게 뛴다. 팔을 다리와 반대 방향으로
움직인다. 왼쪽 다리를 앞으로 보낼 때에는
오른쪽 팔을 앞으로 내밀고, 오른쪽 다리를
앞으로 보낼 때에는 왼쪽 팔을 앞으로
내민다. 이 동작은 크로스컨트리 스키를
탈 때의 동작과 비슷하다.

세게 뛰기

발을 어깨 넓이로 벌리면서 점프
를 한다. 팔은 쭉 펴고 어깨 넓이
로 들어올린다. 점프를 했다가
다시 내려갈 때에는 양쪽 발목이
거의 닿도록 하고, 팔은 아래로
내린다. 동작을 반복한다.

몸 비틀기

발끝은 트램펄린에서 떨어지지 않도
록 하면서 몸을 비틀어준다. 트위스
트를 할 때의 동작과 마찬가지로
팔과 엉덩이가 반대 방향으로 움직
이도록 한다.

스키 점프

양 발목을 붙이고 트램펄린의 한쪽
끝에서 다른 쪽 끝으로 점프를 한다.
마치 스키는 타는 것처럼 팔꿈치를
구부리고 팔을 앞뒤로 움직인다.

조깅
몸을 앞으로 약간 구부리고 천천히 걷는 동작에서 조깅을 하는 동작으로 바꾼다. 동작에 익숙해지면, 발뒤꿈치를 뒤로 들어 올리면서 조깅을 하듯 팔을 흔들어준다.

주의

★ 배가 부르거나 감기에 걸렸을 때, 바이러스에 감염되었거나, 너무 피곤할 때에는 트램펄린 체조를 하지 않는 편이 낫다.

★ 미끄러운 양말이나 신발을 신고 뛰는 것은 좋지 않다. 몸에 잘 맞는 운동화를 신거나 맨발로 하는 것이 좋다.

무릎 들어 올리기
양쪽 무릎을 번갈아 가며 위로 들어 올린다. 이때 발가락이 아래를 향하도록 한다. 팔은 머리 높이로 올렸다가 다시 들어올린 무릎 높이까지 내린다.

마무리와 스트레칭
준비 운동을 할 때와 마찬가지로 몇 분 동안 가볍게 움직이면서 심장 박동이 점차 줄어들도록 한다. 트램펄린 체조는 매우 힘든 운동이며 운동 시 깨끗한 물을 충분히 마셔야 한다.

힘든 일에 대비하기

누구에게나 두려운 날이 있다. 중요한 일을 앞두고 업무적으로 누군가를 만나서 일을 성사시켜야 한다던가, 각종 시험 및 행사들은 심하게는 극도의 긴장감까지 유발시킨다. 이런 경우 신경언어프로그램에서 파생된 전환 방법을 사용하면 과거의 실패를 오늘의 성공으로 바꿀 수 있다.

성공을 위한 훈련
이 훈련을 하면 부정적인 생각들이 마음 속에 뿌리를 내리기가 힘들어진다. 긍정적인 패턴을 만들어 나가는 것은 스스로 좀 더 성공과 가까워지도록 만들어나가는 것과 같다. 어려운 상황과 맞닥뜨리기 전에 이 기법을 활용하여 자신감을 갖도록 한 후, 그 차이를 느껴보자.

전환 기법

1 조용히 의자에 앉아, 우선 자신의 행동 중에서 변화시키고 싶은 것이 무엇인지 생각해 본다. 눈을 감고, 자신이 싫어하는 행동이나 상황들을 떠올린다. 그런 다음 자신이 싫어하는 행동을 시작하기 직전에 모습을 보고 있다고 상상한다. 어떤 기분이 드는가? 가능한 불쾌한 느낌을 떠올려 본다. 스스로 작고 초라하게 느껴질 수도 있다.

2 이제 자신이 싫어하는 행동 대신 어떤 행동을 하고 싶은지, 어떤 기분을 느끼고 싶은지 떠올린다. 즉 자신감 있는 파워풀한 자신의 모습 등을 생각하는 것이다. 좀 더 강한 느낌으로 그 기분을 유지한다. 자신이 원하던 모습이 떠올랐을 때, 넘치는 에너지를 느낄 수 있을 것이다.

3 자신이 싫어하던 상황이 선명하고 커다란 모습으로 대형 컬러 스크린을 가득 메우고 있다고 상상한다. 끔찍한 기분이 들 것이다.

4 스크린의 왼쪽 모서리에 자신감이 넘치는 자신의 긍정적인 모습이 있다고 상상한다. 그러나 이 모습은 매우 작으며 흑백이다.

5 이제 전환을 시작해야 한다. 작고 긍정적인 모습이 점점 커져서 부정적인 모습을 덮어버리고, 전체 스크린을 가득 메우도록 상상한다. 긍정적인 모습이 커질수록, 점점 밝아지고, 색깔이 다양해지고, 선명해진다. 부정적인 모습은 점점 줄어들어서 모서리로 가게 되고, 점점 작아지고 어두워진다.

6 이제 눈을 뜨고 발을 땅에 댄 후 팔을 흔든다. 마음 속에서 모든 모습을 지워버린다.

7 4단계와 5단계를 5회 반복한다. 가능한 빠른 속도로 반복하고, 매번 전환을 할 때마다 잠깐 모든 것이 멈춰져 사라진 깨끗한 상태의 스크린을 떠올려야 한다.

차분한 마음으로 집중하기

출근하기 전, 5분 동안 조용한 상태에서 명상을 한다. 명상을 하면 마음이 차분해지고, 스트레스가 사라지며, 정신적으로 편안한 하루를 맞이할 준비가 된다.

머리를 바로 들고, 어깨에 힘을 뺀 후, 심호흡을 고르게 하면서 명상을 한다.

명상

1 편안하게 앉아서 눈을 감는다. 머리를 바로 들고, 어깨에 힘을 뺀다.

2 규칙적으로 심호흡을 한다. 호흡에 지나치게 신경을 쓸 필요는 없다. 처음 몇 분동안만 주의를 기울이면 된다.

3 목구멍 안쪽에서부터 깊게 '오~' 소리를 내면서 만트라 |(Mantra ; 명상 시 사용하는 성스러운 음(音)|를 시작한다. 입 속에서 소리를 앞쪽으로 끌어당기는 듯한 기분을 느끼면서, 입을 크게 벌리고 좀 더 고음의 '아~' 소리를 낸다. 다시 입술을 닫고 허밍을 하듯이 '음~' 하는 소리를 낸다. 입술이 진동하는 기분을 느낀다.

4 2회 반복한다. 동작을 천천히 반복하여 소리가 풍부하고 떨리도록 한다. 가능한 오랫동안 소리를 낸다.

5 이 과정을 마치고 나서 어떤 기분이 드는가? 차이가 느껴지는가? 몸이나 머리 속에서 기(氣)를 느낄 수 있는가?

성공을 위한 옷차림

일을 할 때 입는 옷의 색깔이 정말 중요할까? 과연 자신이 선택한 재킷의 색깔로 인해 성공을 할 수도 있고, 실패할 수도 있을까? 색채 치료사들은 일을 할 때 입는 옷의 색깔이 자신의 기분과 자신감뿐 아니라 다른 사람들이 자신에 대해 갖는 이미지에도 영향을 미친다고 한다. 자신이 하는 일에 옷의 색깔을 맞추면 도움이 될 것이다.

힘을 주는 옷

다른 사람들로부터 존경과 관심을 받고 싶다면, 검은색의 기본 정장을 골라야 한다. 검은색은 자신감과 힘을 준다. 그러나 효과를 더욱 극대화하기 위해서는 다른 색깔과 섞어서 코디를 해야 한다. 만일 다른 색깔이 전혀 섞여 있지 않은 검은색 옷은 냉정하고 다가가기 힘들고 위협적으로 느껴질 수도 있다. 물론 이런 이미지를 원할 수도 있지만, 진심으로 성공하기를 원한다면, 검은 정장을 입고 붉은색 액세서리를 사용하는 것이 좋다.(우측 참조)

검은색 대신 다른 색의 정장을 입으면 검은색 만큼 효과적이지 않다. 회색은 차갑고 차분하며 통제된 듯한 느낌을 주지만, 중요한 사람이라는 인상을 주지는 않는다.

갈색은 수동적이고 정적인 느낌을 준다. 만일 신경이 예민하여 안정된 느낌을 원한다면 갈색이 좋지만, 자신감과 신뢰감을 원한다면 갈색은 올바른 선택이 아니다.

검은색 정장을 입고 자신이 좋아하는 색깔의 넥타이나 셔츠로 포인트를 주면 훌륭한 사업가처럼 보인다. 옆 페이지에 있는 도표를 참조하면 도움이 될 것이다.

오렌지색으로 창조적인 분위기를 만들자

창조적인 생각을 필요로 하는 일을 한다면, 오렌지 계열이 좋다. 오렌지색은 따뜻함, 활력, 창조력을 상징하는 색깔로 두뇌를 자극하여 새로운 생각이나 방법이 떠오르도록 한다. 특히, 살구빛은 창조적인 생각과 예술적인 영감에 도움이 된다.

붉은색으로 관심을 끌자

붉은색은 에너지가 넘치고, 활기차며, 자신감을 북돋워주기 때문에, 앞으로 전진할 수 있도록 도와 준다. 강렬한 인상을 주고 싶다면 붉은색이 좋다. 붉은색의 옷을 입으면 모험을 좋아하는 것처럼 보인다. 새로운 회의나 업무를 맞거나, 에너지가 부족하거나 기분이 좋지 않을 때, 붉은 색을 입으면 힘이 솟는다. 상하의를 모두 붉은색으로 맞춰 입을 필요는 없으며, 붉은색의 스카프나 넥타이만 활용해도 자신감이 생기는데 도움이 된다.

푸른색으로 차분한 분위기를 만들자

차분하고 집중해서 일을 하고 싶다면 푸른색이 이상적이다. 푸른색은 상황을 차분하게 만드는 색깔이므로 회사에서 논쟁이 벌어질 가능성이 있다면 푸른색을 입는 것이 좋다.

노란색으로 자신감을 갖자

노란색은 자긍심을 높여준다. 노란색은 우호적이고 대화를 돕는 색깔이다. 대화가 시작하고 원활하게 이어지도록 하려면 노란색을 활용하는 것이 좋다.(노란색을 전체적으로 사용하기 보다 노란색을 활용해 포인트를 주는 것이 좋다.)

터키색(청록색)으로 매력적인 모습을 드러내자

터키색은 사람들이 호감을 갖도록 만들고, 터키색을 입고 있는 사람에 대해 좋게 생각하도록 한다. 발표나 회의가 있을 때 입으면 좋다.

핑크색으로 사랑스러운 분위기를 연출하자

핑크색은 사랑스럽고 따뜻하며 온화한 색깔로, 다른 사람을 돌보는 직업에 종사하고 있는 사람들에게 유용한 색깔이다. 상대방에게 온유하고 부드럽게 보이고 싶을 때 입는 것이 좋다.

2
힘을 주는 아침 식사와 빠른 치유법

직장인들에게 아침은 항상 바쁠 수밖에 없다. 따라서, 아침 식사와 같이 간단한 일상도 건너뛰기 일수고, 출근하면서 먹는 경우도 많다. 그러나, 5분만 시간을 할애하여 맛있고, 영양이 넘치는 아침 식사를 하도록 노력해 보자. 아침 식사를 하면 건강한 하루를 보낼 수 있다.

여러 가지 운동을 통해 몸에 활력을 불어넣어 주었다면, 그 다음 단계는 몸에 영양을 보충해주는 것이 순서이다. 하루를 활기차게 보내기 위해서는 에너지가 필요하다.

영양이 넘치는 아침 식사를 하면 에너지가 오랫동안 지속된다. 서두르지 않고 아침을 잘 먹으면, 오전 시간 동안 활력이 넘친다. 만일, 아침에 소식을 하는 편이라 하더라도, 당황할 필요는 없다. 이 장에서는 영양소로 가득 찬 건강하고 맛있는 식사와 음료에 대해서 소개를 한다.

또한 일상 생활에서 흔히 발생하는 건강 문제를 빠르게 해결하는 방법에 대해서도 살펴볼 것이다. 자고 일어났더니 감기 기운이 있는가? 충분한 영양소, 동종 요법|同種療法 ; 원인이 결과를 치료한다는 의미|, 오랫동안 전해져 내려온 스팀 활용법 등을 이용해 감기를 떨치는 방법도 알려줄 것이다.

전날 밤에 과식을 해서 배가 아픈가? 허브와 동종 요법을 사용하면 구역질이나 소화 불량이 사라지고, 활기찬 하루를 보낼 수 있다. 또한 누구나 한번쯤 경험하는 전날 밤에 과음을 해서 업무에 지장이 있는가? 힘들더라도 사무실에서 하루를 버틸 수 있는 방법도 소개할 것이다.

이제 하루를 멋지게 시작하는 방법에 대해서 자세히 살펴보자.

좌측 : 키위, 라임 스무디 – 만드는 법은 부록 (p.152~153) 참조

건강한 식사

바쁜 생활 속에서 밥을 잘 챙겨 먹기란 쉬운 일이 아니다. 그러나, 건강한 음식을 먹는 것이 꼭 번거롭기만 한 것은 아니다. 아주 간단한 방법으로도 건강한 식사를 할 수 있다. 자신에게 가장 잘 어울리는 음식을 찾아서 간편하게 만들기만 하면 된다. 음식이라는 것은 사람의 편의를 위해서 먹어야 하는 것이 아니라 삶에서 빠져서는 안 될 필수적인 부분이다.

다음에 나오는 몸에 좋은 음식과 나쁜 음식에 대한 규칙을 따라 식단을 개선하면 하룻밤 사이에도 건강이 좋아질 수 있다. 또한 조리법도 자신의 라이프스타일에 맞추어 찌기, 데치기, 굽기, 튀기기 등의 방법을 다양하게 선택할 수 있다. 이 책에서 제시하는 방법을 따르면 시간이 많이 걸리지 않으면서도 영양이 넘치는 식사를 할 수 있다.

건강한 식사를 위한 몸에 좋은 식품

■가능한 신선한 계절 식품과 유기농 식품을 섭취하는 것이 좋다. 유기농이 아닌 제품은 해충과 질병을 없애기 위해 농약을 자주 사용하며, 유통 기한을 늘리고 겉보기에 싱싱해 보이도록 하기 위해 인공 첨가제를 사용한다. 유기농이 아닌 과일과 야채를 먹게될 경우 반드시 껍질을 벗기고 먹어야 한다.

■식단에 다음과 같은 세 가지가 꼭 포함되도록 해야 한다. 첫째 가능한 신선한 야채와 과일을 많이 먹어야 한다. 적어도 하루에 다섯 번 이상 먹는 것이 좋다. 두 번째로 복합 탄수화물을 많이 섭취해야 한다. 현미, 잡곡, 귀리, 감자, 정백(精白)하지 않은 밀가루로 만든 파스타와 빵에는 복합 탄수화물이 많이 함유되어 있다. 세 번째로 콩, 견과류, 살이 희고 지방이 적은 육류와 생선, 콩으로 만든 제품 등에 포함되어 있는 양질의 단백질을 많이 섭취해야 한다.

■하루에 신선한 물을 2ℓ 이상 마셔야 한다.

■음식에 신선한 허브와 향신료를 첨가하여, 그 속에 함유되어 있는 좋은 성분을 섭취할 수 있도록 한다.

건강한 식사를 위해 피해야 할 몸에 나쁜 음식

■ 붉은색 육류, 지방이 많이 함유되어 있는 유제품, 튀긴 음식을 줄여야 한다.

■ 소금을 줄이고 대신 허브나 향신료, 샐러리 등을 첨가하여 먹는다. 음식에 첨가되어 있는 첨가제와 색소, 방부제 등을 줄여야 한다.(간편하게 먹을 수 있는 즉석 식품, 패스트푸드, 건조시켜서 포장한 음식, 미리 만들어 놓은 제품 등은 피하는 것이 좋다.)

■ 훈제한 육류나 생선, 소시지, 가공한 육류 등에는 첨가제와 지방이 많으므로 되도록 먹지 않는다. 인공 감미료가 들어있는 음식도 줄여야 한다.(다이어트 제품에는 인공 감미료가 잔뜩 들어있다.)

■ 카페인 섭취량을 줄인다. 차, 커피, 탄산 음료 등은 카페인의 함유량이 높다. 대신 허브차나 카페인이 없는 음료를 마시는 것이 좋다.

■ 술을 마실 때에는 과음을 하지 않는다.

※생선 구이를 만드는 방법은 부록(p.152~153)에 있다.

영양이 넘치는 아침 식사

바쁘다는 이유로 아침 식사를 거르는 편인가? 혹은, 체중을 줄이기 위해 아침을 먹지 않고 있는가? 어떤 이유로든 아침을 먹지 않는다면, 그러지 않는 편이 좋다. 제대로 된 아침 식사를 하면 아침은 물론 오후까지도 몸과 마음을 건강하게 지켜줄 수 있는 에너지를 공급할 수 있다.

영양이 충분한 식단

다음 식단 중 하나를 골라 아침 식사를 하면 단백질, 지방, 탄수화물을 균형 있게 섭취할 수 있다.

■ 우유나 두유에 섞은 오트밀 죽(탄수화물의 효과가 서서히 나타남), 잘게 썬 아몬드(단백질과 양질의 지방을 공급)와 건포도(설탕 대신 넣으면 단맛을 냄)를 넣어서 함께 먹는다.

■ 밤에 미리 두유를 부어놓은 오트밀. 아침 식사를 할 때 두유를 좀 더 붓고 해바라기 씨와 말린 과일을 넣어서 함께 먹는다.

■ 두유와 신선한 과일을 넣어 만든 아보카도 스무디(커다란 아보카도 하나, 두유 2ts, 얼음 한 컵을 넣어서 갈아먹는다.)

■ 땅콩 버터를 바른 토스트(땅콩 버터에는 염분과 당분이 적게 들어 있다.) 아몬드 버터나 해바라기 씨로 만든 버터를 사용해도 괜찮다. 다가(多價) 불포화 지방으로 만든 스프레드를 바른 후 구운 콩(조리를 할 때 설탕이나 소금을 첨가하지 않는다.)을 올린 토스트. 여름에는 신선한 과일이나 샐러드를 함께 먹고, 겨울에는 과일로 만든 스튜 위에 계피를 뿌려서 함께 먹는 것이 좋다.

■ 신선한 과일 주스. 두유와 커피의 대체 음료[보리 음료, 말린 민들레 뿌리로 만든 음료, 카로(허브차의 한 종류)]를 함께 마신다.

■ 허브차(회향풀이나 페퍼민트는 소화를 돕는다.)나 계피차를 마시면 겨울에 몸을 따뜻하게 하는데 도움이 된다.

※오트밀(귀리의 가루로 죽을 쑤어 소금, 설탕, 우유 등을 가하여 먹는 음식. 주로 아침에 먹는다.) 죽, 구운 콩, 아보카도 스무디를 만드는 방법은 부록(p.152~153)에 자세히 안내되어 있다.

피해야 할 음식

★시리얼과 같이 탄수화물로만 이루어진 아침 식사. 탄수화물에는 당분이 많이 함유되어 있어서 혈압이 빨리 상승한 후, 다시 급격히 하락한다. 그렇기 때문에 빨리 허기지게 되고 피곤함을 느끼게 된다.

★튀긴 음식은 지방이 너무 많이 함유되어 있어서 둔해지고 심장에도 좋지 않다.

★설탕과 커피는 자극적이어서 맥박이 빨라지고 스트레스를 느끼게 된다. 뿐만 아니라 커피는 스트레스를 억제하는 성분인 미네랄과 마그네슘을 몸에서 빠져나가게 한다.

건강을 위한 아침 식사

스무디에는 영양소가 가득 들어있기 때문에 한 컵만으로도 훌륭한 아침 식사가 된다. 스무디에는 비타민, 미네랄, 식물성 영양소(식물에서 추출된 것으로 치유 성분이 있는 미세 영양소)가 들어 있기 때문에, 그야말로 건강식이라고 할 수 있다.

건강 전문가들은 하루에 다섯 번 이상 야채와 과일을 먹을 것을 권하고 있다. 야채와 과일을 자주 먹으면 암 발생률을 절반으로 줄일 수 있기 때문이다.

이 책에서 권하는 음료는 하루에 한 컵만 마셔도 필요로 하는 일일 권장량을 모두 섭취할 수 있다. 최상의 효과를 위해서는 항상 신선한 재료를 사용하여 만든 직후에 먹는 것이 좋다. 과일과 야채는 껍질을 벗기거나 갈아 놓은 지 몇 시간이 지나면 영양 성분이 파괴된다.

 TIPS **스무디(Smoothies)를 만들때는**

– 간편하고 빠르게 준비할 수 있다.

– 믹서기에 재료와 얼음을 넣고 세게 돌려, 얼음과 재료가 부드럽고 먹기 좋게 섞이도록 한다.

– 유기농법으로 제조된, 신선한 국산 계절 과일과 야채를 사용하는 것이 좋다.

– 겨울에는 향료를 넣은 따뜻한 우유를 사용해 차가운 스무디 대신 따뜻한 스무디를 마시는 것이 좋다. 겨울에도 차가운 스무디를 마시면 신진대사가 느려지고 혈액 순환에 장애가 생길 수도 있다.

※썸머 베리 어택, 캐럿 써프라이즈, 트로피칼 딜라이트를 만드는 방법은 부록(p.152~153)에 자세히 안내되어 있다.

구토와 소화 불량

지난밤은 너무나도 황홀했다. 맛있는 음식을 잔뜩 먹고, 취할 만큼 술도 마셨다. 그러나 아침이 되자 끔찍한 상황이 발생한다. 구역질이 나고, 가슴이 답답하고 방귀가 나와서 꼭 하루를 망쳐버릴 것만 같다. 이럴 땐, 불편한 속을 달래기 위해 다음과 같은 방법을 사용할 수 있다.

동종 요법

동종 요법 치료법을 이용하려면 약국이나 건강 식품 판매점에서 약을 구입할 수 있으며 6c, 30c 등 성분의 농도가 다양하다. 다음 리스트를 보고 자신의 증상에 맞는 올바른 약을 선택해야 한다. 알약을 네 알을 먹은 후 매 한 시간마다 30c 알약을 한 알씩 먹는다.(p.35 참조)

■마전(馬錢) : 신물이 올라오고, 구역질이 나며, 가스가 잘 배출되지 않고, 위가 묵직하고 아플 때 사용. | 마전과의 낙엽 고목, 높이는 10~13m이며, 잎은 마주나고 넓은 달걀 모양이다. 씨는 '마전자'라고 하는데 알칼로이드가 함유되어 있어 흥분제 등의 약재로 쓰인다. |

■삼산화비소 : 과식을 하거나 과음을 한 후에 갈증이 심하고, 구역질이 나며, 메스꺼울 때, 가슴이 답답하고 타는 듯한 통증을 느낄 때, 이러한 통증은 대부분 자정과 새벽 2시 사이에 심해진다.

■토근 : 소화가 잘 되지 않는 음식을 먹은 후에 구역질이 날 때, 입에 침이 고이고, 침이 평소보다 많아질 때, 얼굴이 창백하며 경련이 생기고, 딸꾹질이 나며 마치 위가 아래쪽으로 내려간 듯한 느낌이 들 때.

허브 요법

허브를 이용하여 질병을 치료하고 몸의 균형을 찾도록 하는 것이다.

■개박하, 생강, 회향풀, 카모마일, 페퍼민트 등 박하 잎으로 만든 차를 마신다. 갈아 놓은 호로파|콩과의 식물, 그 씨는 약용| 씨나 신선한 파슬리를 첨가해서 마셔도 된다.

■빈속에 알로에 베라 주스를 1/4컵 정도 마신다.

■목탄이 섞인 알약을 먹으면 가스를 흡수한다. 식간에 알약을 먹고 다른 약과 함께 먹지 않도록 한다. 그러나 이 약은 영양분의 흡수를 방해하므로 주기적으로 먹는 것은 좋지 않다.

TIPS 동종요법의 희석액 농도

한 개의 단위의 원시물질을 100개 단위의 물이나 알코올에 희석시켜 거기서 '1c'라고 하는 희석액을 얻어낸다. 이 한 개 단위의 희석액을 100 단위의 물 혹은 알코올에다 재차 희석시킨다. 원물질과 용액의 비례를 1:10000으로 하여 이것을 '2c'라고 일컫는다. 세 번째로 희석시킨 다음의 비례를 1:1000000으로 하여 이것을 '3c'라고 한다. 이렇게 계속 유추할 수 있다. 여기서 c는 100을 대표하는 기준부호이다. 임상치료에 근거하면 이미 얻어낸 보다 낮은 급수에서 6c 혹은 30c가 비교적 이상적인 지수이다.

주의

★페퍼민트를 마시면 젖의 양이 줄어든다. 따라서, 수유를 하는 산모는 마시지 않는 것이 좋다.

★위궤양이 있다면 생강은 피한다.

★당뇨가 있는 경우 호로파를, 간질이 있는 경우 회향물을 피한다.

★허브차를 마시기 전에 전문가와 상담하는 것이 좋다.

TIPS 요가와 명상

★가장 근본적인 문제가 스트레스나 분노일 경우 매일 명상을 하는 것이 좋다.(p.23 참조) 또한 요가도 몸과 마음의 균형을 바로 잡는 힘이 있기 때문에 도움이 된다.(p.14~15 참조)

★매일 운동을 하는 것이 좋다.

숙취 해소

인간이 완전한 존재라면 아무리 술을 많이 마셔도 숙취로 고생을 하지 않을 것이다. 그러나 현실은 그렇지 않다. 숙취를 피할 수 있는 가장 쉬운 방법은 술을 마실 때 좀 더 현명하고 이성적으로 대처하는 것이다. 만약 절제하지 못하고 술을 많이 마셨을 때에는 다음과 같은 음식을 먹으면 도움이 될 것이다.

■ 설탕을 넣지 않은 신선한 오렌지 주스나 포도 주스를 마신다.

■ 복합 비타민과 미네랄 보충제를 먹는다.(비타민과 미네랄은 제품의 권장 섭취량에 맞추어 먹는다.)

■ 욕조에 뜨거운 물을 받아 놓고 라벤더 에센셜 오일 두 방울, 주니퍼 오일을 두 방울, 로즈마리 오일 한 방울을 떨어뜨린 후 목욕을 한다.

■ 따뜻한 물 0.5ℓ에 회향풀 오일과 주니퍼 오일을 한 방울씩 떨어뜨린다. 화장솜을 용액에 적셔서 이마, 관자놀이|귀와 눈 사이의 맥박이 뛰는 곳|, 간(肝)이 있는 부위에 올려둔다.

■ 페퍼민트 차를 마시면 위를 진정시킬 수 있다.

■ 건강하고 간단한 아침 식사 : 호밀 빵 토스트를 먹은 후 꿀, 맥아|엿기름|를 뿌린 요구르트나 죽 등을 먹는다.

해독 작용

기름진 음식을 먹으면 림프계 순환이 힘들어진다. 림프계가 막히면, 독소가 효과적으로 배출되지 않는다. 독소가 체내에 쌓이게 되면 간, 신장, 소화기, 면역계 등에 무리가 간다.

간기능 활성 음료를 마시면 림프계에 무리가 가지 않도록 도와주고, 간에서 독소를 배출시켜주며, 쓸개와 신장, 소화기를 깨끗하게 해 준다.

주의
담석이 있으면, 이 음료를 마시기 전에 미리 의사와 상의하는 것이 좋다. 임산부나 수유중인 산모는 마시지 않는 것이 좋다.

간 기능 활성 음료

순도가 높은 올리브 오일이나 아몬드 오일 3~4Ts, 갓 짜낸 레몬즙 6~8ts, 마늘 적당량, 갓 찧은 생강을 준비한다. 모든 재료를 믹서기에 넣고 거품이 생길 때까지 잘 섞어준다. 만든 직후에 마시는 것이 좋다. 이 음료에 들어가는 재료를 평소에 좋아하지 않는다 하더라도, 곧 익숙해질 것이다.

TIPS 계량스푼을 사용하기 전에

1Table spoon = 1Ts = 15cc
1tea spoon = 1ts = 5cc

감기 퇴치

아침에 일어났더니 목이 따갑고, 머리가 무겁고, 코가 막히는 경우가 있다. 이 모든 것들이 감기의 증상들이다.

하루쯤 푹 쉬고 싶지만, 한 시간 후에 중요한 회의가 있다. 이럴 때에는 다음과 같은 방법을 따르면 감기를 초기에 날려버릴 수 있다. 또한 감기가 당장 떨어지지는 않더라도 증상을 완화시킬 수 있다.

보충제

감기의 초기 증상에는 다음과 같은 방법들을 사용한다.

■ 항산화 비타민 C : 감기 증상이 지속되는 동안 매일 5,000~15,000mg의 비타민을 섭취한다. 여러 번 나누어서 먹어도 된다. 비타민의 양의 너무 많은 것처럼 느껴질 수도 있지만 놀랄 필요는 없다. 만약 필요 이상으로 비타민 C를 섭취하면 설사를 하게 된다. 따라서 이런 증상이 나타나면 비타민 C의 섭취량을 줄여야 한다.

■ 양질의 복합 비타민과 미네랄, 항산화 복합 제제를 섭취한다. 비타민과 미네랄을 함께 먹으면 면역 기능이 강화된다.

■ 에키나시아(Echinacea)라고 하는 허브를 섭취하면 면역 기능이 강화된다. 에키나시아 용액을 10방울씩, 하루에 두 세번 정도 먹으면 도움이 된다.

■ 식료품 가게에서 아연 성분이 들어 있는 알약을 구입하여 세 시간에 한 번씩 혹은 제품 설명서에 따라 복용한다. 단 하루에 아연을 100mg 이상 복용하지 않는다. (다른 보충제에 들어 있는 아연 성분 포함)

주의

★이 책에서 추천하는 방법 중 하나인 비타민 C를 다량 복용하는 방법이 있는데 만약 과다복용할 경우 에스트로겐 수치에 악영향을 줄 수도 있다. 피임약을 사용하는 경우, 다른 피임법도 함께 사용하는 것이 좋다.

스팀

뜨거운 물에 유칼립투스 오일을 다섯 방울 떨어뜨린다. 아래의 그림과 같이 머리와 물이 담긴 용기 위로 수건을 덮는다. 스팀이 올라오면 천천히 조심스럽게 들이마신다.

동종 요법

올바른 동종 요법을 사용하면 감기를 효과적으로 치료할 수 있다. 그러나 효과적인 치료를 위해서는 자신의 증상을 정확하게 알고 있어야 한다. 아래에 나열한 약품들은 약국이나 건강 식품 판매점 등에서 구입할 수 있는데, '6c'라고 표시된 약을 구입하면 된다.

치료제	증상
아코닛(Aconite) 백부자의 덩이뿌리(흰비꽃)	감기가 걸렸다고 느꼈을 때 가장 먼저 사용하는 방법이다. 감기는 갑작스레 찾아오는데, 특히 차가운 바람을 쐬었을 때 감기에 걸리는 경우가 많다. 고열, 불안, 초조, 콧물 등이 날 때 사용한다. 신선한 공기를 마시면 한결 상태가 좋아진다.
브리오니아(Bryonia) 박과의 덩굴성 식물	초기 증상으로 콧물이 나고 곧 목이나 가슴 등에 통증이 생기고 마른기침을 하게 된다. 이런 증상이 나타나면 짜증이 나게 되고, 혼자 있고 싶어진다. 자꾸 갈증이 생긴다.
나트륨 염화 수소(Nat Mur.) 소금으로 만든 약	초기 증상으로 재채기를 한다. 투명한 색깔의 콧물이 많이 나고, 입술 주변에 발진이 생긴다. 외출을 삼가고, 힘든 일을 피해야 한다. 이때는 혼자 쉬는 것이 좋다. 미각을 완전히 잃게 된다.
벨라도나(Belladonna) 미치광이 풀과의 독성식물	갑작스레 감기 증상이 나타나고, 얼굴, 특히 볼 주변이 붉어지고 동공이 확장되어 있다. 움직일 때마다 몸이 아프고, 두통이 심하고, 코가 막힌다. 어둡고, 조용하고, 따뜻한 곳에 있고 싶어한다. 목이 붓고 따갑다. 레몬 주스를 마시고 싶어한다.
겔세미움(Gelsemium)	감기 초기부터 젤세민을 복용하는 것이 좋다. 감기의 증상을 즉각 알아차리고, 젤세민을 복용하면 감기가 빨리 낫는다. 증상이 느리게 나타나고, 몸이 추웠다가 더워지기를 반복하는 전형적인 감기 증상과 함께 고열이 나고 몸이 으슬으슬하다. 머리가 무겁고, 몸이 피곤하고 힘이 없다. 갈증이 심하며, 몸이 떨리고 좀처럼 따뜻해지지 않는다. 여름이나 예년에 비해 날씨가 따뜻할 때 걸린 감기에는 젤세민이 효과적이다.
양파	콧물이 많이 날 때 사용한다. 눈, 입술, 콧구멍 등이 붓고 따가우며 뜨거울 때 사용한다.

3
출근길

회사와 가까운 곳에 사는 운 좋은 사람은 그리 많지 않다. 자가용을 이용하던, 대중 교통을 이용하던 출근을 하는 동안 많은 스트레스를 받을 수밖에 없다. 교통 체증, 괴팍한 운전자들, 만원 지하철, 항상 늦게 도착하는 버스, 이 모든 것들로 인해 회사에 도착하면 소리를 지르고 싶은 지경에 이르게 된다. 그러나 항상 자신의 감정대로만 행동할 수 없는 것이 우리의 현실이다.

출근길이 그리 즐겁지는 않더라도, 조금은 편안한 마음으로 회사에 갈 수 있는 방법에 대해서 지금부터 설명을 할 것이다. 이 책을 읽는 모든 독자들은 자신의 차 안에서만이라도 좀 더 평화롭고 개인적인 안식처로 활용할 수 있는 방법을 배우게 된다.

길이 점점 막히고, 긴장감이 고조될 때, 노래를 하거나 호흡을 조절하면 스트레스를 줄이고 차분하게 운전을 하는데 도움이 된다. 편안한 자세로 운전에 집중할 수 있는 방법을 익히면 출근길이 좀 더 편안해질 것이다.

대중 교통을 자주 이용하는 편이라면, 출근을 하는 동안 심호흡과 가벼운 스트레칭을 활용하여 출근을 하는 동안 명상을 할 수도 있다. 또한 오라가 형성되어 있다고 상상하면 주변의 많은 사람들과 자신이 있는 공간이 분리되어 있는 것처럼 여길 수 있다. 인신술 요법(Jin Shin Jyutsu)을 사용하면 에너지의 균형을 맞추고, 에너지를 활성화시킬 수 있다.

줄을 서서 기다리고 엘리베이터를 타고 올라가는 시간도 활용할 수 있다. 뿐만 아니라, 비행기를 타고 장거리를 이동한 후에도 이 장에서 제시하는 방법들을 활용하면 피로는 얼마든지 줄일 수 있다.

매일 반복되는 출근길을 즐기도록 노력하는 것이 중요하며, 매번 출근을 하는 시간이 인생이라는 길고 긴 여정의 일부라는 것을 기억해야 한다. 삶의 모든 부분을 의미 있게 만들도록 노력해 보자.

자동차를 안식처로 만들자

스트레스가 없는 출근길을 위해 가장 중요한 것은 출근 시 사용하는 자신의 자동차를 편안하고 즐거운 개인적인 안식처로 만드는 것이다. 5분 동안 간단하게 청소만 하더라도 즐거운 기분으로 출근할 수 있다.

★운전을 하는 동안 기분 좋게 들을 수 있는 음악을 고른다. 너무 공격적이거나 졸음을 부르는 음악은 선택하지 않는 것이 좋다. 오디오북을 틀어놓는 것도 좋은 방법이다. 고전을 들을 수도 있고, 좋아하는 코미디 프로를 들을 수도 있다. 인생의 지혜가 담겨있는 테이프를 틀어놓고 듣는 것도 하루를 의미 있게 시작하는 한 방법이다. 그러나 휴식을 위한 운동이나 자기 최면에 관한 내용을 담고 있는 테이프는 피하는 것이 좋다. 항상 테이프와 CD 등을 작은 상자에 넣어 깔끔하게 정리해 두는 것이 좋다.

★자기 자신을 보호하기 위해 백미러에 붉은색 리본을 묶은 작은 은색 방울을 달아두는 것이 좋다. 이러한 풍수학 방법은 나쁜 에너지를 물리친다고 설명한다. 또한 계기판에 자신이 좋아하는 상징물을 올려두어도 도움이 된다. 일부 국가에서는 많은 사람들이 성모 마리아의 그림을 차안에 두기도 하며 부처, 유대교의 별, 자신이 좋아하는 여신이나 힘을 준다고 믿는 동물의 그림을 두어도 된다.

★우선 차안에 어질러져 있는 것들을 모두 치운다. 오래된 신문, 빈 컵, 커피 잔, 아이들 장난감 등이 차안에 흐트러져 있지 않도록 한다.

★차안을 깔끔하게 치운 후 포도 성분이 들어 있는 에센셜 오일을 진공 청소기 속에 몇 방울 떨어뜨린 후 청소기를 사용해 차안을 청소한다. 매트를 청소할 때에는 물에 레몬 오일과 로즈마리 오일을 몇 방울 떨어뜨린 후, 사용한다. 계기판을 닦을 때에는 먼지 터는 솔에 오일을 몇 방울 떨어뜨려서 사용한다.

★위급한 상황이 닥쳤을 때 자신에게 위안이 될 수 있는 것들을 갖고 다닌다. 좋아하는 책, 에센셜 오일, 오일을 뿌릴 수 있는 티슈, 사랑하는 사람의 사진, 건강에 좋은 간식, 물, 기분이 좋아지는 만화책 등을 갖고 다니면 도움이 된다.

척추를 보호하자

자동차의 시트는 안전을 우선으로 하여 만들기 때문에, 건강에 좋은 자세로 앉을 수 있도록 고려하여 설계되지는 않는다. 이 장에서 제시하는 방법을 따르면 올바른 자세로 운전을 할 수 있다. 운전을 할 때마다 척추를 보호할 수 있도록 다음과 방법을 따르는 것이 좋다.

★운전을 시작하기 전에 시트의 간격을 조절하여 페달을 밟을 때 불편하지 않도록 한다. 시트를 너무 앞으로 당겨도 운전을 할 때 불편하다. 양손을 각각 10시 방향과 2시 방향으로 올리면 편안하면서도 안전하게 운전할 수 있다.

★시트를 바로 세우고 등이 의자에 완전히 닿도록 깊숙이 앉는다. 등과 의자 사이에 작은 쿠션을 받쳐주면 허리를 꼿꼿이 세우는데 도움이 된다.

★차에 오르기 전에, 잠깐 동안 가만히 서 있는다. 정수리 부분에 줄이 매달려 있어서 몸을 위로 당기는 듯한 느낌으로 몸을 쭉 편다. 어깨를 편안하게 늘어뜨려 귀에서 최대한 멀어지도록 한다. 발을 땅에 고정시키고 바른 자세로 선다. 마음이 차분해지고 집중력이 강해질 것이다.

★이제 천천히 조심해서 차안으로 들어간다. 양발을 차 밖에 둔 채로 의자에 앉은 다음, 천천히 몸을 돌려 발을 차안으로 넣는다.

★손이나 다리, 어깨 등 신체의 어느 부위가 긴장하고 있는지 생각해 본다. 자꾸 긴장하게 되는 부위에 신경을 써서 긴장감을 풀어주도록 한다. 운전을 하는 동안 긴장하지 말고, 편안한 자세를 유지하도록 한다.

★후진을 할 때, 머리를 갑자기 꺾는 것은 좋지 않다. 대신 코끝이 어깨를 향하도록 한 다음 고개를 돌린다. 이렇게 하면 척추가 바로 펴지도록 하는데 도움이 된다.

스트레스를 분출하자

오늘 출근 시간은 늦을 것만 같은데, 주위에는 온통 이상한 운전자들밖에 없는 것 같다. 이럴 때 운전자에게는 점점 스트레스가 쌓이게 된다. 다행히, 자동차는 외부로 소리가 새어 나가지 않는 개인적인 공간이다. 차안에서는 아무도 모르게 긴장감을 해소하기 위해 자신만의 효과적인 스트레스 해소법을 사용할 수 있다.

소리로 스트레스를 날려버리자

■허밍 : 스트레스가 점점 쌓이고 화가 나고 신경이 예민해질 때, 조용히 앉아서 가볍게 허밍|Humming ; 입을 다물고 코로 소리를 내어 노래를 부르는 방법|을 하면 도움이 된다. 허밍을 하면 몸 속에서 소리가 울린다. 몸 속 곳곳에서 그 울림이 느껴지는가? 음을 바꾸어 허밍을 하면 그 변화가 느껴지는가?

■한숨쉬기 : 짜증이 나고 긴장되는가? 소리를 내면서 길게 숨을 내쉬면 편안해질 것이다. 길게 소리를 내면 부정적인 감정들이 배출된다. 그렇게 나쁜 감정들이 배출되도록 하고, 기분 좋게 출근을 하면 된다.

■노래하기 : 즐거운 음악에 맞추어 따라 노래를 부른다. 아주 큰 소리로 노래를 불러보자. 긴장될 때에는 비트 음악을 틀어놓고 따라 하는 것이 좋다. 편안하고 감미로운 음악은 오히려 더 짜증이 나게 할 수 있다.

■만트라 : '옴(OM)'과 같은 성스러운 소리를 낼 필요는 없다. 그저 긍정적인 영향을 주는 말을 계속 반복하면 된다. 예를 들어서, '난 침착해. 난 침착해. 난 정말 침착해질 수 있어.' 하고 되뇌는 것이다.

이런 간단한 동작만으로도 기분이 좋아지게 되며, 즐거운 하루를 보낼 수 있다.

긴장감을 잃지 말자

오랜 시간 동안 운전을 하다 보면 운전에 집중하는 것이 점점 어려워진다. 집중력이 떨어지더라도 당황하지 말고, 안전한 장거리 운전을 위한 다음과 같은 수칙을 따르기만 하면 된다.

★운전하는 도중 점점 집중력이 떨어지고 있다면, 운전 속도를 바꾸어 보는 것도 좋은 방법이다. 일정한 속도로 오랜 시간 동안 운전을 하다 보면 졸린 것은 당연한 일이다.

★운전시 세 가지를 잘 살펴야 한다. 정면과 중거리를 잘 살펴야 하고, 그 다음 더 먼 곳을 잘 보아야 한다. 이는 운전을 하다가 점점 피곤해질 때 꼭 지켜야 할 안전수칙이자 운전에서 가장 중요한 사항이다.

★티슈에 정신이 맑아지게 하는 에센셜 오일을 몇 방울 떨어뜨리고 그 냄새를 맡으면 운전에 많은 도움이 된다. 레몬, 라임 등의 감귤류 향이나 포도 향을 맡으면 기분이 상쾌하면서 졸음이 달아난다.

★운전하는 내내 자신의 행동과 보이는 것 하나하나에 주의를 기울인다. 그 시간만큼은 세심하게 살핀다. "지금 내가 긴장하고 있구나. 자, 목을 편히 하고. 어, 신호가 바뀌려나 보다. 저기 빨간차가 너무 빨리 달리는데."

운전중 받는 스트레스를 날려 버리자

도로가 꽉 막히면 스트레스가 쌓이게 마련이다. 스트레스가 쌓이고 있다는 것을 알아차리기 이전에, 점점 목소리가 높아지게 되고, 화가 나게 되고, 혼자서 다른 운전자들에게 화를 내게 된다. 이런 기분이 자신을 압도하도록 내버려두지 말고, 가벼운 운동으로 도로에서의 스트레스를 날려 버리는 것이 좋다. 아래의 동작은 차가 신호에 걸렸을 때에나, 교통 체증으로 움직일 수 없을 때에만 사용해야 하는 방법이다.

긴장을 해소하는 방법

1 양손을 깍지 낀 채로 머리 뒤에 둔다. 손바닥이 머리의 뒷부분에 닿도록 한다.

2 손의 힘을 이용해 머리를 앞으로 밀어, 목과 척추가 쭉 펴지도록 한다. 팔의 힘을 이용하면 안 된다. 팔은 힘을 빼고, 손바닥의 힘만 이용해서 운동을 해야 한다. 20초 정도 자세를 유지하면 된다.(가능한 시간을 늘려도 관계없다.)

3 '아' 하고 소리를 내면서 깊게 숨을 내쉰다.

4 시간이 된다면 1~3을 여러 번 반복한다. 이와 같은 운동을 잠깐 동안만 하더라도 긴장감이 많이 줄어들 것이다.

차분한 기분을 유지하자

호흡 운동은 스트레스를 줄이고 에너지를 증가시키는 가장 효과적인 방법 중 하나다. 우자이 요가에서 사용하는 호흡법인 승리호흡, 혹은 단전 호흡법은 간편하면서도 효과적이다. 차분한 마음가짐을 유지하고 싶을 때 이 호흡법을 따라하면 곧 스트레스가 사라질 것이다.

우자이 호흡(Ujjayi)

1 편안하게 앉아서 눈을 감는다. 조금만 연습을 하면 어떤 자세에서든 우자이 호흡을 할 수 있게 된다.

2 코를 통해 깊게 숨을 들이마시고 기관의 끝에 있는 근육을 수축시킨다. 목구멍에 정신을 집중하면 '쉬' 하는 소리를 들을 수 있다.

3 코를 통해서 가능한 천천히 숨을 내뱉으면서 후두개의 근육을 조인다. 마치, 심한 감기에 걸린 사람처럼 거친 소리가 나게 된다.

4 위 과정을 6회 반복한다.

5 이제 긴장을 풀고 평소와 같이 6회 호흡한다.

6 우자이 호흡 6회와 정상 호흡 6회로 이루어진 한 세트를 4회 반복한다.

기다리는 동안 차분함을 잃지말자

누구에게나 만원 지하철 속에 서 있거나 버스를 기다리는 시간은 매우 지루하고 불편하다. 그러나, 이 시간을 지혜롭게 활용할 수 있는 방법이 있다. 물론 짧은 시간이라 하더라도 효과를 볼 수 있다. 이 장에서 소개하는 가벼운 스트레칭과 요가 운동은 어느 곳에서나 할 수 있는 것이다. 이 운동을 하면 몸 전체에 에너지를 공급할 수 있고, 차분하면서도 힘이 넘치는 기분을 느낄 수 있다.

> **마음을 진정시키는 에센셜 오일**
> 라벤더 오일은 긴장을 풀어주고 진정시키는 효과가 강하다. 라벤더 오일을 몇 방울 떨어뜨린 티슈를 항상 갖고 다니면서 필요한 경우에 사용하면 도움이 된다. 스트레스를 받거나 짜증이 날 때, 냄새를 맡으면 기분이 가라앉는다.

긴장해소를 위한 체조

1 양발을 서로 가깝게 하고 선다. 팔은 가볍게 늘어뜨린다. 눈을 감아도 불안하지 않다면, 눈을 감는 것이 좋다. 만일, 눈을 감는 것이 불안하다면, 시선이 아래로 향하도록 한다.

2 의식적으로 신체 각 부위의 긴장을 푼다. 이 동작은 머리부터 시작하며 우선 정수리 부분의 긴장을 푼다. 그 다음 얼굴 근육과 턱의 긴장을 푼다. 머리카락의 경우 긴장감이 풀어지는 모습을 상상한다.

3 이제 어깨를 들어올렸다가 내리는 동작으로 팔의 긴장을 푼다. 주먹을 쥐었다가 다시 긴장감을 풀어준다.

4 가슴과 복부의 긴장을 풀어준다. 숨을 들이마신 후, 배까지 호흡이 전해지도록 한다. 등의 긴장을 푼다. 척추의 긴장이 하나하나 풀어지고 있다고 상상하고, 등이 편안해지고 유연해지도록 한다.

5 엉덩이와 허벅지의 긴장을 풀고, 무릎의 긴장감도 풀어 부드러워지도록 한다. 긴장감이 다리를 타고 흘러내려가 발바닥을 통해 바닥 속으로 들어가 버린다고 생각한다.

6 아름답게 반짝이는 조용한 호수를 떠올린다. 자신의 마음도 호수와 같이 차분하고 맑아질 것이다.

7 이제 하얀 구름이 떠다니는 푸른 하늘을 떠올린다. 걱정스러운 생각들은 마치 구름처럼 빨리 지나가 버리고, 하늘이 다시 맑고 깨끗해진다.

8 가능한 긴장을 풀고 명상을 하면서 이 상태를 오래 유지한다. 지하철이나 버스가 도착하거나, 목적지에 다다르면 다시 명상을 멈추고 현실 세계로 돌아온다. 씩씩하게 발을 내딛으면서 스트레칭을 한다.

어깨 들썩이기

1 편안하게 앉아서 팔을 편안
하게 내린다.

2 어깨를 귀 근처까지 들
어올렸다가 가능한 세게
어깨를 아래로 내린다.
가능한 온 몸이 긴장
하도록 한다. 어깨
를 위로 들어올리
면서 숨을 들이마
신다.

3 고개를 가능한 뒤로 젖힌다.

4 숨을 내쉬면서 어깨를 내리고
고개를 들어올린다. 목과 어깨가
뜨거워지는 느낌이 들 것이다. 긴
장감이 높아지면서 이 부위로 혈
액이 모이기 때문이다. 가능한 많
이 반복한다.

손목, 발목 운동

각 단계를 다섯 번씩 반복한다.

1 가능한 발가락을 동그랗게 오므렸다가 편다.

2 발가락을 가능한 아래로 내려 발뒤꿈치와 가까
워지도록 한 후 발이 불편하지 않은 범위 내에서
가능한 위로 들어올린다.

3 시계 방향과 시계 반대 방향으로 천천히
발목을 돌린다.

4 주먹을 쥔다. 손을 펴면서 손가락을
모두 쫙 펴 준다.

5 손가락을 쫙 펴고 손을 뒤로 젖혀서 팔
목과 90° 로 꺾이도록 한다. 그런 다음 손을
다시 앞으로 90° 꺾어 아래로 내린다.

6 다시 주먹을 쥐고 시계 방향으로 손목을 돌렸
다가 반대 방향으로 다시 돌린다.

에너지의 균형을 맞추자

인신술(Jin shin jyutsu)은 고대 일본에서 사용하던 치료법으로 스트레스와 피로를 줄여주고, 통증을 완화시키며, 감정의 균형을 잡아준다. 간단하면서도 효과적인 방법이어서 어느 장소에서나 다른 사람이 알지 못하도록 혼자 인신술을 할 수 있다.

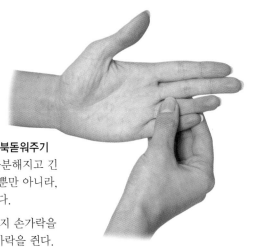

장시간의 비행으로 인한 피로 줄이기

인신술을 활용하면 장시간의 비행으로 인한 피로를 줄일 수 있다. 왼손의 엄지손가락을 오른손의 손가락으로 쥔다. 엄지손가락의 맥박이 안정적이면, 엄지손가락을 놓고 집게손가락을 같은 방식으로 쥐고, 맥박을 느낀다. 같은 방법으로 모든 손가락의 맥박이 안정되도록 한 다음, 손을 바꾸어 반복한다.

긴장감과 스트레스 풀기

이 동작을 하면 몸 전체의 긴장과 스트레스가 사라진다. 또한 몸 속에 정체되어 있는 에너지를 배출하는데 도움이 된다.

1 오른손의 엄지손가락과 나머지 손가락을 이용해 왼손 중지의 중간 마디를 쥔다.

2 몇 분 동안 계속 쥐고 있는다.

3 손을 바꾸어 반복한다.

마음을 차분하게 하고 에너지를 북돋워주기

이 동작을 하면 몸과 마음이 차분해지고 긴장감과 스트레스가 사라진다. 뿐만 아니라, 장기에 원기를 북돋워 주게 된다.

1 오른손의 엄지손가락과 나머지 손가락을 이용해 왼손의 약지와 새끼손가락을 쥔다. 이때 오른손의 엄지손가락은 왼손의 손바닥 쪽으로 오도록 한다.

2 손을 바꾸어 반복한다.

성공을 향한 발걸음

우리는 매일 걷는다. 걷는 시간을 성공을 향해 다가가는 시간으로 활용해야 한다. 하루에 30분 동안 걷든, 2분만 걷든, 보폭에 주의를 집중하고 자기 자신에게 긍정적인 암시를 주면 하루가 달라진다.

신경을 쓰면서 걸어가자

1 자신의 걸음에 대해서 신경을 써야 한다. 평소보다 좀 더 느린 속도로 걸으면서 바닥이 딱딱한지, 부드러운지, 따뜻한지, 차가운지 느껴보자. 걸으면서 발가락이 펴지는 것을 느끼고, 무릎과 고관절의 움직임을 느끼도록 노력한다.

2 이제 호흡에 집중을 한다. 숨을 들이쉬면서 마음 속으로 "들이쉬어"라고 말하고, 내쉬면서 "내쉬어"라고 말한다. 한 걸음씩 움직일 때마다 숨을 들이쉬고 내쉬는지 생각해본다.

3 숨을 들이쉬는 동안 몇 걸음을 걷는지, 숨을 내쉬는 동안 몇 걸음을 걷는지 따져본다. 호흡을 하면서 몇 걸음을 걷는지 헤아려 본다. 자신의 호흡 수(數)에 따라 들이쉬면서 "두 걸음, 세 걸음, 네 걸음" 내쉬면서 "두 걸음, 세 걸음, 네 걸음" 들이쉬면서 "두 걸음, 세 걸음, 네 걸음" 혹은 들이쉬면서 "두 걸음, 세 걸음" 내쉬면서 "두 걸음, 세 걸음"이라고 마음 속으로 헤아려 보는 것이다. 곧 자신만의 리듬을 찾게 될 것이다.

2부 직장에서의 생활

자, 이제 직장에 도착하였다.
어떻게 하면 하루를 가장 알차게 보내고, 최상의 성과를 낼 수 있을까?

4
업무 공간

이제 막 직장에 도착했다고 생각해 보자. 문을 열고 들어설 때 자신을 반겨주는 것은 무엇인가? 일을 하는 장소가 차분하고 조용한가? 만족스러운 에너지가 넘치는가? 그렇지 않으면, 쓰레기로 가득 차 무질서하게 느껴지는가?

직장에서 자신의 에너지와 창조력을 높이고, 생산성을 향상시키고, 기분이 좋아지도록 하기 위한 첫 번째 방법은 업무 환경을 가능한 한 쾌적하고 깨끗하게 만드는 것이다.

그 누구도 쓰레기통처럼 지저분한 곳에서 일을 하고 싶어하지 않는다. 업무 공간이 흐트러져 있으면, 마음도 흐트러지게 마련이다. 지저분하게 쌓여있는 종이 더미 속에서 필요한 서류를 찾아내다 보면 스트레스가 쌓일 수밖에 없고, 시간만 낭비하게 된다.

우선, 5분의 시간을 투자하여 업무 공간을 청결하게 하고 정리하는 것이 좋다. 만일, 책상에 앉아서 일을 한다면, 종이 더미 아래에 깔려 있는 것들을 제자리에 두는 것이 좋다. 그런 다음, 풍수의 지혜를 살려서 책상 위에 있는 물품들을 배치하면 도움이 된다.

만약 당신이 연봉 인상을 원하던, 상사로부터 좀 더 인정받기를 원하던, 동료들과의 관계를 향상시키기를 원하던, 함께 일하는 팀으로부터 더 많은 것을 얻어내기를 원하던 간에, 우선 자신이 일하는 책상을 깨끗하게 정리하는 것만으로도 놀랄 만한 변화를 가져오게 된다.

물론 사무실의 공기와 가구, 사무실 내의 집기, 벽 등에서 뿜어져 나오는 독성이 있는 물질들이 건강에 해가 되는 경우도 있다. 이 책에서는 요새 들어 실내환경에 대한 관심이 부쩍 높아진 흔히 '새집 증후군'이라고 부르는 질병을 예방할 수 있는 실질적인 방법에 대해서도 알려줄 것이다.

사무실에서 오랜시간 근무하다 보면 목과 등에 통증이 오게 마련이다. 주로 그 원인은 잦은 컴퓨터의 사용때문이다. 이 책에서 제시하는 앉는 자세, 좀 더 편안하게 컴퓨터를 사용하는 방법 등을 따르면 직장 내 컴퓨터 사용으로 인한 통증을 막을 수 있다.

자신의 업무 환경을 정리하여 자신에게 알맞도록 관리해 보자. 작은 노력만으로도 큰 변화가 나타날 것이다.

책상과 마음을 깨끗히 하기
: 흐트러진 책상 위를 정리하자

책상 위를 깨끗하게 정리하면 흐트러진 마음을 정리하는데 도움이 된다. 심리학적으로 보았을 때에도, 책상 위가 지저분하면 마음가짐도 흐트러진다. 무언가를 해야 하고, 바꾸어야 하고, 끝내야 한다는 사실만으로도 마음이 우울해진다. 신체 에너지의 측면에서 보았을 때에도, 주변 환경이 어질러져 있으면, 에너지가 줄어들고, 기가 정체된다. 그러므로, 책상 위를 깨끗하게 정리하여 마음 속에 에너지를 다시 불어넣는 것이 좋다.

업무 공간 정리하기

■책상 위를 가능한 깨끗하게 정리한다. 책상 위에는 일을 할 때 필요한 것들만 올려두어 현재 진행하고 있는 업무에 집중할 수 있도록 한다.

■일단 작업을 마친 서류는 책상 위에서 치우도록 하며, 물론 바닥에 서류 뭉치를 쌓아두어서도 안 된다.

■책상 위에 서류들을 올려 두었다면, 그 서류들을 가지고 무엇을 할 것인지 바로 결정을 해야 한다. 즉 지금 당장 그 서류들을 처리할 것인지, 이후에 사용할 수 있도록 정리해 둘 것인지, 버릴 것인지 결정을 해야 하는 것이다.

■필요할 때마다 사용할 수 있도록 책상 옆에 쓰레기통을 두어 불필요한 서류는 바로 버린다.

■모아놓은 서류와 보고서들을 주기적으로 살펴본다. 이미 시한이 지났거나 더 이상 필요하지 않은 서류들은 버린다.

효과적인 업무를 위한 유용한 정보

■자기 자신을 위한 시간을 만들어라. 즉, 매일 특정한 시간을 정해두고 외부로부터 방해받지 않을 수 있도록 해야 한다. 이 시간 동안에는, 창조적인 일이나 아이디어 등에 몰두할 수도 있고, 조용히 앉아서 재충전하기 위한 시간으로도 활용할 수 있다.

■수동적이기보다 능동적으로 행동하라. 무엇을 할 지, 언제 할 지에 대해서 계획을 세운 다음 그 계획을 따라야 한다. 자기 자신과의 약속을 다른 사람과의 약속과 마찬가지로 중요하게 여긴다. 불가피한 상황이 발생하지 않는 한 자기 자신과의 약속을 깨지 않도록 한다.

■한 시간 마다 짧은 휴식을 취한다. 잠시 걷거나 스트레칭을 하면 몸과 마음이 상쾌해지고 집중력이 향상된다.

■자신의 신체 에너지에 맞추어 일과를 계획하라. 당신은 일찍 일어나는 편인가, 늦은 시간에 활동하는 것을 좋아하는 편인가? 언제 더 창조적이고 집중력이 강해지는가? 언제 집중력이 떨어지고 졸음이 몰려오는가? 주로 정신이 맑지 않고, 졸음이 오는 시간대에는 중요한 계획을 세워두지 않는 것이 좋다. 이 시간에는 전화를 걸고, 일상적이고 중요도가 낮은 업무를 진행하는 것이 좋다.

집중하기

★책상 위에 초를 켜두면 집중력을 강화하는데 도움이 된다.

★베르가모트 오일(bergamot oil ; 박하의 일종)이나 소나무 오일을 몇 방을 사용하면 생기가 솟아나고 기분이 좋아진다. 로즈마리 오일은 집중력이 향상되도록 도와 준다. 그러나, 임신 중이거나 간질이 있는 경우에는 로즈마리 오일을 사용하지 않는 것이 좋다.

성공할 수 있도록 노력하라 : 풍수의 원리를 사용하라

직장 생활에서 성공을 위한 가장 중요한 요소가 바로 책상이다. 책상을 어떤 위치에 두었는지, 책상 위에 무엇을 올려 두었는지에 따라 직장 내에서의 성공 여부가 달라진다.(커다란 사무실을 갖고 있는 경영주이건, 거실 한 구석에 사무실을 차려놓고 회사를 운영하는 자영업자이건 이 원칙은 모두에게 똑같이 적용된다.) 지금부터 몇 페이지에 걸쳐서 풍수의 원리를 활용해 성공으로의 한 걸음씩 다가가는 방법을 설명할 것이다.

커리어(전문적인 경력) 쌓기

커리어를 쌓아가기 위해 새로운 에너지가 필요하다고 여긴다면, 다음에서 설명하는 방법대로 책상을 정리해 보면 도움이 될 것이다. 자신이 어떤 일을 하고 있던 자신이 갖고 있는 문제가 무엇이던, 이 방법은 모든 곳에서 쉽게 적용할 수 있는 기본적인 방법이다.

훌륭한 커리어를 쌓기 위한 책상

■ 벽을 등지고 앉아 문과 창문을 바라볼 수 있는 위치에 책상을 둔다.

■ 책상 한쪽에 스탠드를 켜두면 집중력을 향상시키는데 도움이 된다. 책상의 좌측 상단에 스탠드를 켜두면 재정 상태가 좋아진다.

■ 갓 꺾은 꽃을 꽂아두면 정신적인 에너지가 활발해지고 주변 공기를 정화하는데 도움이 된다.

■ 전화기를 오른쪽에 두면, 전화를 걸었을 때, 상대방이 나에게 좀 더 우호적으로 행동하게 된다. 만일, 왼손잡이라면 주소록을 오른쪽에 두면 비슷한 효과를 볼 수 있다.

■ 중요한 참고 문헌은 왼쪽에 두는 것이 좋다. 왼쪽은 지식과 관련된 위치이기 때문이다.

■ 창조적인 업무 능력을 필요로 한다면, 둥근 책상을 선택하는 것이 좋다. 숫자와 관련된 업무나 정확성을 요구하는 일을 한다면, 직사각형 책상을 선택하는 것이 더 좋다. 그러나 모서리는 둥근 것이 좋다.

■ 직사각형 모양의 가방이나 핸드백을 사용하면 일을 좀 더 성공적으로 끝낼 수 있다.

■ 컴퓨터는 책상 중간에 두는 것이 좋다. 중앙은 명성과 다른 사람으로부터의 인정을 의미한다. 컴퓨터 뒤쪽에 있는 벽에는 자신이 원하는 목표와 관련된 사진, 신문 기사, 업무 관련 목표 등을 붙여두어 지속적으로 자각할 수 있도록 하는 것이 좋다.

■ 좌측에 자신이 좋아하는 것을 올려두면 영적인 측면을 일깨울 수 있다. 작은 조각, 액자 속에 끼워놓은 사진, 수석 등을 세워 두는 것이 좋다.

■ 책상 위에 가족 사진을 너무 많이 올려두면 정신이 흐트러질 수 있다. 책상의 중앙과 우측 상단에 몇 개만 올려두는 것이 좋다.

회사에서 인정받기

상사와 좀 더 나은 관계를 원하던, 연봉 인상을 원하던, 풍수의 원칙을 활용하면 자신이 원하는 것을 가질 수 있는 가능성이 높아진다. 앞쪽에서는 책상 위를 정리하는 기본적인 방법에 대해서 알아보았다. 다음은, 자신이 원하는 목표에 따른 배치 방법이다.

연봉 인상을 원하는 경우

연봉 인상을 원한다면, 책상 위에서 돈과 관련된 부위에 신경을 써야 한다. 책상 앞에 앉았을 때 좌측 상단 부위가 돈과 관련된 부분이다. 가능한 이 부위의 기운을 북돋워줄 수 있는 방법을 사용하는 것이 좋다.

- 좌측 상단에 스탠드를 둔다.
- 꽃병을 둔다. 중국에서는 붉은 색이나 자주색이 부(富)를 부른다고 여기기 때문에, 붉은 색이나 자주색 꽃을 네 송이 꽂아두는 것이 좋다.
- 크리스탈로 만들어진 문진(文鎭), 클립 등을 담아 놓을 수 있는 붉은색이나 자주색 상자를 올려둔다. 크리스탈은 긍정적인 기가 생겨나도록 도와준다.
- 월급 명세서 위에 아름다운 문양의 문진을 올려둔다.
- 가능하다면, 금붕어 세 마리가 담긴 어항을 책상 좌측에 두는 것이 좋다. 만일, 어항을 둘 수 없다면, 중국 동전을 붉은색 리본에 매달아 걸어 둔다.

창조적으로 업무를 진행하고자 하는 경우

창조력과 새로운 아이디어가 생겨나도록 하려면, 다음과 같은 방법을 사용하는 것이 좋다.

- 책상 모양이 둥글고, 모서리가 둥근 것을 고른다.
- 크리스탈로 만들어진 문진을 사용하면 직관력이 향상된다. 크리스탈 문진을 책상 위 중앙에서 약간 뒤쪽에 두는 것이 좋다.

■ 책상 위에 색깔이 밝고 화려하며 갓 꺾은 꽃을 꽂아두는 것이 좋다. 밝고 자극적인 색깔의 액세서리를 올려두는 것도 도움이 된다.

■ 사무실로 들어가는 입구, 혹은 책상 근처에 실내 분수를 만들어둔다. 새로운 기회를 얻고 싶다면, 다리가 세 개인 두꺼비 신 |새로운 기회, 행운, 돈, 성공을 불러온다고 알려진 중국의 신|의 형상을 책상 오른쪽에 올려둔다.

■ 책상에 앉았을 때 보이는 정면에 창조력을 향상시킬 수 있거나 자신의 목표를 일깨워줄 수 있는 물건을 올려둔다.

명성을 얻고 싶은 경우

책상에 앉았을 때, 바로 정면에 보이는 위치가 명성과 관련된 부분이다. 이 부위에 컴퓨터를 올려 두었다면, 컴퓨터 주변이나 컴퓨터 뒤쪽 벽에 다음에서 제시하는 것들을 붙여두는 것이 좋다.

■ 붉은 색의 물건을 걸어둔다. 자신이 그동안 이룬 것이나 자랑스러워하는 것중에 떠오르는 것을 선택하면 된다. 상장이나 학위 등을 걸어두는 것도 좋은 방법이다.

■ 초나 크리스탈을 두면 다른 사람들의 눈에 더욱 쉽게 띌 수 있으며 명성을 얻을 가능성이 커진다.

■ 책상 위에 붉은색, 자주색, 노란색 스탠드를 두면 명성을 얻는데 도움이 된다. 책상 위에 올려두는 잡동사니, 양초, 액자, 마우스 패드 등도 붉은 색을 사용하는 것이 좋다. 색깔이 짙을수록 정신적 활동이 더욱 왕성해지고 주의를 끌게 된다.

동료들과의 관계를 개선하고자 하는 경우

책상의 우측 상단은 인간 관계와 관련이 있다.

■ 책상의 이 부위에 노란색과 숫자 2와 관련된 것을 올려둔다. 꽃병에 노란색 꽃을 두 송이 꽂아두면 도움이 된다.

■ 함께 일하는 팀의 사진을 이 자리에 두는 것이 좋다. 사진 앞에 초를 켜두면 좋은 에너지를 형성할 수 있다.

■ 책상 위의 스탠드를 이 위치에 두면 인간 관계를 향상시키는데 도움이 된다.

새집 증후군 퇴치하기

인간에게 있어 사무실은 그리 건강한 공간이 아니다. 심지어 사무실은 그 안에서 근무하는 사람들의 기운마저 떨어뜨리고, 에너지를 감소시키는 공간으로 전락한 상태이다. 더욱이 요즘 사용되는 많은 건축재료들ㅣ페인트, 카펫, 가구ㅣ에서 독성물질ㅣ포름알데히드, 유기용제, 가스 및 먼지ㅣ이 배출된다.

민감한 사람들의 경우, 이런 독성 물질들로 인해 질병이 생길 수도 있다. 그러나 최근에 들어 실내환경에 대한 일반의 의식이 급격히 높아졌다. 이에 따라 소위 '새집증후군'이라는 언뜻 듣기 모호한 질병에 대한 우려가 심각한 상태이다. 이러한 사회적 현상은 환경오염문제의 절박성을 보여주는 단적인 예이다. 다음에서 제시하는 방법을 사용하면 질병에 걸릴 위험을 최소화시킬 수 있다.

업무 환경 보호하기

■자연 채광이 되는 곳에서 일하는 것이 좋다. 책상을 창문 옆으로 재배치하거나 자연 채광과 비슷한 색깔의 빛이 나는 전구를 사용하는 것이 좋다. 가능한 형광등은 사용하지 않는 것이 좋다.

■사무실을 자주 환기시키는 것이 좋다. 창문을 자주 열면 독성 물질을 외부로 배출할 수 있다. 춥거나 비가 오면 업무를 시작하기 전이나 점심을 먹은 후에 창문을 조금만 열어 5분 정도 환기를 시키면 된다.

■전자 기기 주변에는 자기장이 형성된다. 자기장에 지나치게 노출되면 불면증, 고혈압, 불안, 질병 등을 야기할 수 있다. 따라서, 전자 기기를 사용하지 않을 때에는 플러그를 뽑아두는 것이 좋다. 옆 사진에서 보이는 것처럼 컴퓨터, 복사기, 팩스 등과 같이 사무기기 옆에는 건강한 식물을 올려두면 도움이 된다.

■가능한 냉난방 기구를 적게 사용하는 것이 좋다. 추울 때는 옷을 한 겹 더 입고, 더울 때에는 선풍기를 틀면 사무실 환경이 훨씬 쾌적해진다.

■ 냉난방 기구가 제대로 작동하는지 항상 확인해야 한다. 주기적으로 체크하고 문제가 있는 경우 서비스를 받아야 한다.

■ 사무실 내에서 담배를 피지 않는 것이 좋다. 만일 흡연자가 있는 경우, 흡연실을 따로 만들어 두면 사무실 내 공기를 개선시킬 수 있다.

■ 공기 청정기를 설치하면 사무실 내 공기가 맑아지도록 할 수 있다. 사무실 내에 어항을 설치하면 습도를 조절할 수 있다.

■ 사무실을 다시 꾸미고자 할 때에는, 독성이 없는 페인트와 제품을 사용하는 것이 좋다. 화학 처리를 하지 않은 친환경 소재의 천, 바닥재, 가구 등을 사용하면 건강에 도움이 된다.

■ 사무실 관리, 청소를 담당하는 사람에게 이야기하여 환경 친화적이고, 독성이 없는 세제를 사용하도록 부탁하는 것이 좋다.

식물의 힘

식물 중에는 사무실 분위기를 개선시킬 뿐 아니라 건강과 인체의 에너지에도 도움을 주는 여러 종류가 있다. 연구 결과를 보면, 이들 식물들은 실제로 공기 내에 함유되어 있는 포름알데히드, 벤젠, 트리클로로에틸렌을 제거하는 역할을 한다. 이러한 유해물질들은 카펫, MD 에서 주로

공기를 정화해 주는 식물

다음 식물을 활용하면 사무실 공기를 정화하는데 도움이 된다.

★에피프레넘(스킨답서스)

★클로로피툼(접란)

★필로덴드론

★귀면각(선인장)

★산세베리아

★스파디필룸

★싱고니움

등과 목의 통증 완화

일을 할 때 앉는 자세에 따라 건강도 달라진다. 앉는 자세가 나쁘면, 등과 목에 만성 질환이 생길 수 있다. 올바른 자세로 앉을 때에 비해 건강이 나빠질 뿐 아니라, 집중력도 떨어지게 된다. 올바른 자세로 앉으면 불안감이 사라지고 마음이 맑아진다. 따라서, 일을 시작하기 전에 자신의 자세를 점검해 볼 필요가 있다.

앉는 방법

1 의자에 털썩 주저앉지 않는다. 의자에 털썩 주저앉으면 목에 무리가 가게 되고, 그 결과로 목과 등에 이상이 생기고, 심지어 만성 두통과 편두통까지도 생길 수 있다. 의자에 앉기 전에 무릎과 엉덩이를 굽혀서 몸이 균형을 이루도록 한 후에 의자에 앉는 것이 좋다.

2 의자에 앉은 후에도 계속해서 균형을 잡고 앉아있도록 노력해야 한다. 양쪽 발을 땅에 붙인다. 발의 앞쪽과 뒤꿈치에 체중이 골고루 분산되도록 한다.

머리를 똑바로 세운다.

등을 똑바로 세우고, 가능한 일직선을 유지한다. 허리를 숙이지 말고, 꼿꼿하게 세운다.

엉덩이의 높이는 무릎보다 약간만 높도록 한다.

종아리와 바닥이 직각이 될 수 있도록 한다.

발이 바닥에 바른 자세로 닿을 수 있도록 한다.

3 발목과 무릎의 긴장을 푼다. 척추가 쭉 펴진다는 느낌으로 앉아 있는다. 한쪽 엉덩이에 체중을 싣지 말고, 양쪽 엉덩이에 체중을 고르게 분배해야 한다.

4 의자의 높이는 적정한가? 만약 낮은 편이라면 의자 밑에 두꺼운 전화번호부를 몇 권 쌓아두는 것이 좋다. 의자가 낮아서 책상 위에 몸을 구부리고 있으면 호흡뿐 아니라 신체 내 장기에 나쁜 영향을 주게 된다. 고관절 부위부터 몸이 앞으로 숙여지도록 해야, 몸 전체를 쭉 펼 수 있다.

컴퓨터 사용

대부분의 직장인들은 키보드를 두드리고, 컴퓨터 모니터를 쳐다보면서 대부분의 시간을 보낸다. 좀 더 편안하게 컴퓨터를 사용할 수 있는 방법은 다음과 같다.

1 앞에서 설명한대로 허리를 쭉 펴고 올바른 자세로 앉아서 컴퓨터를 사용한다.

2 팔을 아래로 내리고 손가락 끝이 바닥을 향하도록 한다. 숨을 내쉰다.

3 팔꿈치부터 팔을 구부리고 팔을 테이블 위로 올린다. 팔꿈치는 직각이 되도록 하여 테이블 위로 올린다. 팔꿈치가 책상 높이보다 약간 위로 올라가게 된다.

4 손목을 뒤로 꺾었다가 다시 키보드 위에 올리고 타이핑을 다시 시작한다.

5 목의 긴장을 풀어주고 천천히, 편안하게 호흡을 한다. 이 모든 동작들은 팔목의 긴장을 푸는데 도움이 된다.

> **올바른 자세**
>
> ★ 일을 하는 동안 계속 자세를 교정한다. 의식적으로 자세를 바꾸어 주는 것이 좋다. 가능하다면, 자주 일어나서 걷는 것이 좋다. 타이머를 맞추어두고 15분에 한 번씩 자세를 점검하면 된다.
>
> ★ 바지 뒷주머니는 아무것도 넣어두지 않는다. 불룩한 지갑을 넣어두면 지갑을 넣지 않은 쪽이 내려가게 되어 양쪽 엉덩이에 체중을 고르게 분배할 수 없게 된다. 이런 자세로 오랫동안 앉아 있으면 척추가 휘어지고 요통이 생긴다.

사무실에서 근무를 하면 많은 시간을 앉아서 보내게 된다. 따라서 바른 자세를 통해, 요통이 생기는 것을 방지할 수 있다.

5
신체적, 정신적 스트레스 완화

사무실에서 일을 하다 보면 쉽게 지치고 피곤해진다. 대부분의 직장인들은 컴퓨터 모니터 앞에서 하루 일과를 시작하여 꼼짝도 하지 않은 채 몇 시간씩 책상에 앉아서 일을 한다. 몸이 점점 경직되고 긴장하는 것은 너무나도 당연하다. 눈이 점점 따가워지는 것 또한 너무나도 당연한 결과이다. 이런 나날을 보내다 보면, 오전이 채 가기도 전에 피곤해져서 하품을 할 수밖에 없다.

정신을 고요하게 집중하고 싶다면, 스트레칭을 하는 것이 좋다. 사무실에서 가볍게 요가를 하여 스트레칭을 하면 마음이 편안하고 차분하면서도 집중력이 향상된다.

회사에서 일을 하다 보면 정신적인 스트레스를 받게 된다. 새로운 하루가 시작될 때마다, 중대한 회의, 동료와의 마찰 등 매일 어려움에 직면하게 된다. 그러나 주위 사람들은 쉽게 화를 내고 도움을 주지 않는다.

풍수와 NLP|Neuro-Linguistic Programming ; 신경언어프로그래밍|를 활용하면 회사 내에서의 인간 관계를 개선하고, 효과적으로 회의를 이끌어갈 수 있다. 이 책에서 제시하는 간단한 방법만으로도 자신을 힘들고 불쾌하게 하는 사람들을 효과적으로 다룰 수 있다.

누구나 일을 하다 보면 난관에 부딪힐 수도 있고, 실망을 할 수도 있으며, 거절당할 수도 있고, 야단을 맞을 수도 있다. 이런 일이 생길 때면, 거대한 벽이 앞을 가로막고 있고 그 어떤 곳으로도 되돌아갈 수 없을 것 같은 기분을 느끼게 된다. 이런 상황이 되면, 누구나 쉽게 낙담하고 실망하게 된다. 그 어떤 위로의 말도 효과가 없다.

이 장에서는 내면의 에너지를 높이고 강화하는 방법에 대해서 설명할 것이다. 이 방법을 따르면 부끄러운 기분을 떨쳐버리고, 우울한 기분을 날려버릴 수 있다. 또한 실망을 이겨내게 되어 자신감이 향상되고, 눈앞에 나타난 새로운 도전 과제를 긍정적으로 맞이할 수 있게 된다.

이제 심호흡을 하고 몸과 마음을 편안하게 한 후, 눈앞에 닥친 문제들을 하나씩 해결해 보자.

집중하기

우리는 사무실에서 일을 하는 동안 민첩하면서도 긴장하지 않으며, 차분한 마음으로 집중을 하여 최선을 다하고 싶을 것이다. 다음에 나오는 간단한 방법들을 활용하면 맡은 일을 무리 없이 해 내고, 하루 종일 집중력을 유지하면서, 효율적으로 하루를 보낼 수 있다.

5분 동안 원기 회복하기
1 책상 앞에 앉아서 숨을 들이쉬고 어깨를 위로 높이 들어 올린다.

3 위를 쳐다보면서 마치 손이 하늘에 닿을 듯이 위로 뻗는다. 양손을 번갈아 가면서 위로 뻗는다.

2 고개를 가능한 뒤로 젖힌다. 숨을 내쉬면서 스트레스와 긴장감이 함께 사라지도록 한다. 체중을 실어 어깨를 아래로 툭 떨어뜨린다. 목과 어깨 주위가 뜨거워지는 기분을 느낄 수 있을 것이다.

4 머리를 빠르게 문지르면서 손가락 끝을 이용하여 두피를 가볍게 두드린다. 머리를 가볍게 쥐었다가 풀어준다.

5 턱 선을 따라 가볍게 꼬집어 준다. 그런 다음 손가락 끝을 이용해 턱 주위를 세게 두드려준다. 턱을 꽉 다물었다가, 입을 크게 벌려 '아~~'하고 소리낸다.

6 눈을 감고 몇 초 동안 심호흡을 한다.

눈의 피로 풀기

눈은 쉽게 스트레스를 받고 피로를 느낀다. 특히, 냉방기기를 사용하거나 중앙난방장치를 사용하는 사무실에서 일을 할 경우, 더욱 쉽게 피로를 느끼게 된다. 다음에서 설명하는 지압 운동을 활용하면 눈의 피로를 풀어줄 수 있다. 또한 머리가 무겁거나 긴장하고 있을 때에도 도움이 된다.

1 양손을 가볍게 오므리고 눈 위에 몇 분 동안 올려둔다. 눈을 뜬 상태에서 손에 강하면서도 부드럽게 힘을 주어 빛이 들어오지 못하도록 한다.

2 집게손가락을 이용하여 눈썹 중앙 윗부분(눈을 똑바로 떴을 때 동공과 일직선이 되는 부위)을 눌러준다. 이 부위를 약 30초간 가볍게 누르고 있는다.

3 손가락의 위치를 아래로 옮겨 코와 인접한 눈물샘 바로 윗부분을 눌러준다. 일정한 힘을 유지하면서 약 30초간 누르고 있는다.

4 손가락을 이용해 코(눈썹과 코가 맞닿아 있는 부위)를 당긴다.

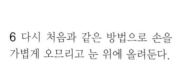

5 집게손가락을 이용해 광대뼈 부위를 위로 밀어 올려 30초간 누르고 있다.

6 다시 처음과 같은 방법으로 손을 가볍게 오므리고 눈 위에 올려둔다.

먼 곳 쳐다보기
컴퓨터를 장시간 사용하거나 작은 글씨를 오래 쳐다보고 있으면 가까운 곳만 쳐다보게 되기 때문에 눈이 쉽게 피로를 느낀다. 가능한 자주 먼 곳을 쳐다보는 것이 좋다.(창을 통해 사무실 밖이나 사무실 반대쪽을 쳐다보는 것도 도움이 된다.)

즉각적인 원기 회복하기

일을 하려고 노력하지만 집중이 되지 않을 때가 있다. 간단한 요가 동작만으로도 찌뿌듯하고 나른한 기분을 날려버리고, 몸 전체에 활력을 불어넣을 수 있다.

기본 원기 회복 동작

다음 두 자세는 어느 곳에서나 쉽게 할 수 있다. 신발을 벗을 경우, 효과는 더욱 극대화된다.

위로 뻗어 올리기

1 다리를 어깨 넓이로 벌린 후, 팔은 아래로 내리고 편안한 자세로 선다. 이때 눈을 부드럽게 감아도 된다.

2 손은 깍지 낀 채로 앞으로 내리고 팔을 천천히 머리 위로 들어 올린다.

3 팔을 완전히 뻗어 올린 후에, 손바닥이 하늘을 향하도록 한다. 어깨에 힘을 빼고, 이 자세를 유지한다.

4 가능한 무리가 가지 않는 범위 내에서 스트레칭을 하고 코를 이용해 심호흡을 한다. 천천히 손을 내려 다시 1의 자세를 한다.

팔 돌리기

1 다리를 어깨 넓이로 벌린다. 무릎은 긴장을 풀고, 발이 앞으로 향하도록 한 후, 몸의 균형을 유지한다. 이때 눈은 뜬다.

2 등뒤에서 손은 깍지를 끼고 손바닥이 바닥을 향하도록 한다.

3 깍지 낀 손을 불편하지 않은 범위 내에서 천천히, 가능한 높이 들어 올린다.

4 몸을 앞으로 숙여서 다리와 허리가 직각이 되도록 한다. 머리와 등이 일직선이 되도록 한다. (머리를 너무 앞으로 쭉 뻗어서 목에 무리가 가지 않도록 한다.) 깍지를 낀 손을 가능한 높이 들어올린다. 이제 천천히 심호흡을 한다. 천천히 1번 자세로 되돌아온다. 손의 깍지를 풀고 양옆으로 내린다.

자신감 회복하기

직장뿐 아니라 모든 일을 할 때에 성공을 하기 위한 가장 중요한 요인은 자신감이다. 자기 자신을 믿는다면 거의 모든 것을 이룬 것이나 다름없다. 그러나 이를 실천하기란 그리 쉽지 않다. 눈 앞에 닥친 일에 압도당한 듯한 기분이 들거나, 용기가 없을 때에는, 자신감을 북돋워줄 수 있는 다음 방법을 사용하는 것이 좋다.

힘을 주는 자세
사람의 태도가 기분에 미치는 영향은 즉각적이면서도 강렬하다. 자신감 있는 태도를 취하면, 실제로 자신감이 상승하게 된다.

1 허리를 펴고 올바른 자세로 서거나 앉는다. 정수리 위에 실이 달려서 천정으로 연결되어 있다고 상상한다.

2 어깨는 편안하게 아래로 내린다. 신체의 각 부위를 떠올리면서, 얼굴, 턱, 목, 어깨, 엉덩이, 허벅지, 손 등 쉽게 긴장하는 부위의 긴장을 풀어준다.

> **주의**
> 고혈압이나 심장 질환이 있는 경우, 임신 중이거나 생리 중일 때, 오랜 시간 동안 이 자세를 취하는 것은 좋지 않다.

3 힘을 주어서 눈을 여러 번 깜빡인 후, 민첩한 자세로 정면을 응시한다.

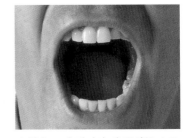

4 입을 크게 벌려서 턱 주위를 스트레칭 한다. 속삭이는 듯한 목소리로 자기 자신에게 긍정적인 암시를 반복한다. 가령, "나는 자신감이 넘친다. 모든 게 잘 될 꺼야. 난 지금부터 내가 하는 모든 일에 성공하는 쪽을 택할 꺼야."라고 주문의 말을 하면 된다.

산 자세

이 산 자세는 기공에서 응용한 자세이다. 자세는 단순하지만 사람의 기분에 강한 영향을 미친다. 이 체조를 하면 자신감이 넘치고 힘이 넘치게 되며, 전신과 마음에 힘을 불어넣어 준다. 조용한 장소를 찾아서 체조를 하는 것이 가장 좋지만, 그럴 수 없다면 스트레칭을 하는 것처럼 가벼운 마음으로 체조를 하면 된다.

1 기공의 기본 자세를 취한다.(p.16 참조) 손을 옆으로 내리고 서서 손가락 끝이 바닥을 향하도록 한다.

3 눈은 정면을 응시한 후, 시선을 고정한다. 천천히 심호흡을 한다. 자신이 나무라고 생각해 보자. 땅 속에 뿌리가 박혀있고, 나뭇가지처럼 팔은 위로 뻗어있다. 이 자세를 취하면서, 대지의 힘과 하늘의 통찰력에 닿을 수 있다고 상상한다. 정신을 집중하고 서서 자세가 흔들리지 않도록 한다.

4 자세를 바꾼다. 팔을 다시 어깨 높이로 내리고 손바닥이 바닥을 향하도록 한다. 양쪽 팔을 옆으로 내린다. 몇 분 동안 가만히 서서, 몸 속의 에너지를 느낀다.

2 1의 자세에서 팔을 천천히 위로 들어올려 완전히 쭉 펴서 어깨와 일직선이 되도록 한다. 어깨 높이만큼 팔을 올린 후, 손을 돌려 손바닥이 위를 향하도록 한다. 팔을 좀 더 높이 들어올려 귀와 수평이 되도록 한다. 이 자세를 하는 동안 어깨가 긴장하지 않도록 한다.

수줍음 없애기

　　다른 사람 앞에서 수줍어하는 성격을 가진 사람은 일상
생활에서도 불편함이 많지만, 직장 생활은 특히 힘들
수밖에 없다. 그러나 사람은 누구나 어느 정도의
수줍음을 갖고 있다. 우리는 집에서 다음에
설명하는 NLP 기법을 연습하면 수줍음을
없애는데 도움이 될 것이다. 이 방법은
무의식에 작용하여 더 이상
수줍어하지 않도록 해 준다.

자신의 몸과 협상하기

1 편안한 자세로 앉거나 눕는다. 눈을 감고, 심호흡을 하면서
몸을 편안하게 한다.

2 자신의 신체를 느낀다. 한 부위씩 나누어 생각을 집중해
본다(어떤 부위를 먼저 생각해도 괜찮다). 편안한 자세로
신체의 각 부위와 대화를 시작한다.

3 각 신체 부위에 어떤 존재가 숨어 있는지
물어본다. 어떤 형상일 수도 있고,
생물일 수도 있고, 사람이 숨어
있을 수도 있다. 예를 들어, 커다랗고
검은 얼룩일수도 있고, 뱀일 수도 있고,
자신의 어머니나 초등학교 선생님이 존재하고
있을 수도 있다. 그 존재를 찾아내었다면 왜 그 부위에
머물러 있는 것인지 질문해 볼 차례다. 자신을 보호하기
위해서, 당황스러운상황이 발생하지 않도록 도와주기
위해서, 또는 스스로 어리석은 행동을 하지 못하도록 하기
위해서 등 다양한 대답이 나올 수 있다.

4 일단 해당 신체 부위가 질문에 대한 응답을 하면, 지금껏 해 왔던 일을 그만둘 생각이 없는지 물어보라. 가령, 그 부위에서 벗어나 자유롭게 떠나고 싶은 생각이 없는지 물어보는 것이다. 질문을 한 다음, 대답을 기다린다.

5 만일 떠나겠다고 대답을 한다면, 그 동안 자신을 지켜 준 것에 대한 감사를 표하고 그 부위에서 벗어날 수 있도록 해 준다. 자신의 몸에서 그 존재를 떠나 보내기 전에 그 동안의 생각과 느낌 등에 대해 고찰해 보는 것도 좋다.

6 만일 떠나지 않겠다고 답을 한다면, 아직 준비가 안 된 것이다. 해당 신체 부위에 좀 더 집중하여서 자신에 대한 믿음이 뿌리내리지 못하도록 하는 것이 무엇인지, 어떤 태도에 사로잡혀 있는지 생각해 본다. 집중하여 생각을 하다 보면 건설적인 변화가 찾아올 수도 있다. 문제의 근원을 찾아서 특정 부위를 지배하던 상상 속의 존재가 모두 떠날 때까지 1~6번의 과정을 자주 반복한다.

바흐의 꽃 요법

물 한 컵에 꽃에서 추출한 에센스를 한 두 방울 떨어뜨리고 필요할 때마다 마신다. 자신의 증상과 가장 알맞은 에센스를 골라야 한다. 여러 가지 치료법을 섞어서 사용해도 무방하지만, 5가지 이상을 섞어서 사용하는 것은 좋지 않다.

★짚신나물(Agrimony) : 기분이 좋고 즐거운 척 행동하지만, 사실은 걱정되고, 두렵고, 자신감이 부족할 때 사용한다.

★미물러스(Mimulus) : 두렵고 자신감이 부족하며 일상적인 생활에도 두려움을 느끼고 소심해질 때 사용한다.

★낙엽송(Larch) : 자신의 능력에 대해 자신이 없고, 실패가 두려워서 시도해 보고 싶은 마음조차 생기지 않을 때 사용한다.

★느릅나무(Elm) : 보통은 자신감이 있지만 책임감을 지나치게 많이 느끼게 되고 의기소침해질 때 사용한다.

★혼빔(Hornbeam) : 자신의 업무와 남아 있는 일과를 해낼 수 있을 만큼 힘이 없다고 여겨지고 해야 할 일을 내일로 미루고 싶어질 때 사용한다.

★다북개미자리(Scleranthus) : 결정을 내리기가 힘들고 항상 망설이는 사람이 사용하기에 적합하다.

논쟁 가라앉히기

업무중 발생하는 논쟁과 불화는 회사 생활에서 흔히 찾아볼 수 있는 자연스러운 현상이다. 그러나 시각화 기법을 이용하면 사무실 내에서 발생하는 격한 논쟁이나 긴장감이 조성되지 않도록 할 수 있다. 만약 상황이 점점 부정적으로 고조되기 시작하면 즉시 "5분만 쉰 후에, 다시 시작합시다."라고 이야기하는 것이 좋다. 5분 동안 조용한 곳을 찾아서 다음 방법을 활용해 보자.

■ 눕거나 앉아서 몇 분 동안 조용히 심호흡을 한다.

■ 논쟁의 원인을 적어본다. 그러면 자신이 느끼는 분노와 화(火)의 감정을 쏟아낼 수 있다.

■ 상대방의 관점을 이해하고 있는지 자신에게 물어본다. 만일 그렇지 않다면 의자를 두 개 준비한다. 한쪽 의자에 앉아서, 반대쪽 의자에 상대방이 앉아 있다고 상상한다. 이제 자신이 왜 화가 났는지 이야기한다. 그런 다음, 다시 의자를 바꾸어서 자신이 상대방이 되었다고 생각한다. 상대방이 화를 내는 이유는 무엇인가? 상대방의 입장이 되어 화를 내는 이유를 설명해 보자. 양쪽의 입장을 모두 이해할 수 있을 때까지 계속 의자를 바꾸어 가면서 대화를 한다. 가능한 양쪽의 입장을 모두 이해하도록 노력 한다.

■ 결국 상대방의 입장에 동의할 수 없더라도, 상대방도 자신의 의견을 이야기할 권리가 있다는 점은 인정해야 한다. 화재의 위험이 없는 곳이라면, 자신의 감정을 적어 둔 종이를 태워 버리는 것이 좋다.

■ 에너지의 중심부인 가슴 차크라에서 뿜어져 나오는 사랑과 용서의 마음을 형상화한다. 그 마음이 아름다운 분홍빛과 황금빛이 어우러진 색깔이라고 상상한다.

■ 논쟁을 하던 자리로 돌아가 상대방에게 가벼운 미소를 지어 보인다. 업무가 끝난 후 가벼운 음료나 술을 한 잔 하자고 권한다. 위의 기법을 모두 따른다면 상황은 완전히 달라질 것이다.

도움이 될 만한 정보

자신의 업무 공간에서 단 5분도 벗어날 수 없다면, 다음과 같은 방법을 사용하면 즉각적으로 긴장을 푸는데 도움이 된다. 그 첫 번째 방법은 아로마테라피 에센셜 오일을 이용하는 것이고 두 번째 방법은 꽃을 이용하는 것이다.

★ 티슈에 소나무 오일을 두 방울 떨어뜨리고 냄새를 맡는다. 소나무는 용서를 하고자 하는 마음가짐과 공정한 마음을 갖도록 해준다. 두 방울이 의미하는 바는 논쟁에 휘말린 두 사람을 뜻한다. 고혈압이 있는 사람은 소나무 오일을 사용해서는 안 된다.

★ 너도밤나무 꽃 성분이 들어 있는 에센스를 혀 아래쪽에 두 방울 떨어뜨린다. 너도밤나무는 분노와 화를 가라앉히고, 지나치게 비판적인 행동을 하지 않도록 도와 준다. 논쟁을 하고 있는 상대방에게도 이 에센스를 두어 방울 사용하도록 하면 효과가 더 좋다.

활력이 넘치는 회의

누구에게나 중요하면서도 힘든 회의는 미리부터 부담스럽다. 만약 어려울 것으로 예상되는 미팅을 해야 한다면, 풍수(風水)의 원리를 활용하여 자신이 유리한 입장에 설 수 있도록 하는 것이 좋다. 중국에서 유래한 풍수는 사물 배치의 아주 작은 변화만으로도 큰 효과를 볼 수 있다.

사업상 회의 또는 사업 파트너와의 점심 식사
사업상 중요한 고객이나 동료를 만날 때에는, 가능한 편안한 기분으로 대화에 임하면서도 자신감 있게 행동하는 것이 중요하다.

■벽과 가까운 의자를 선택한다. 앉은자리에서 들어오는 입구가 보이는 자리가 좋다.(그러나, 입구와 일직선상에 있는 자리는 좋지 않다.) 입구나 창문을 등지고 앉는 것은 좋지 않다.

■대화 상대 중 나이가 많은 사람이 맞은 편에 앉도록 한다. 이 위치는 존경을 뜻한다.

■대화 상대 중 나이가 어린 사람을 자신의 왼쪽에 앉도록 하면, 좀 더 화목한 분위기에서 대화를 이끌어갈 수 있다. 나머지 사람들은 남은 자리에 앉도록 한다.

■가능한 둥근 테이블에 앉아 회의를 하는 것이 좋다. 테이블의 둥근 모양은 이윤, 원만한 운영, 효율성, 공정함 등을 상징한다.

■둥근 유리나 문진을 중앙에 두거나, 꽃이나 초를 준비한다.

■유리로 만들어진 문진 아래에 동전 세 개를 두고 동전 아래에 거울을 둔다. 세 개의 동전은 돈과 관련된 성장과 움직임을 뜻하고 유리 문진은 회의 참석자들의 영감을 일깨워주고 화목한 분위기를 조성한다.

■색(色)의 힘을 이용해 회의가 원활해지도록 한다. 적절한 색깔의 폴더나 클립을 사용하면, 충실하고 발전적인 회의를 하는데 도움이 된다. 자신의 지명도를 높이기 위해서는 붉은색, 중요한 사람을 만날 때에는 노란색, 재정적인 이득을 위해서는 자주색, 창조력과 성장을 위해서는 녹색과 푸른색을 사용하는 것이 좋다.

친밀한 관계 형성하기

일상 생활에서 부딪히는 사람 중에는 금방 친밀감을 느끼는 사람도 있지만, 마치 다른 행성에서 온 듯한 기분을 느끼게 하는 사람도 있다. 이런 차이는 에너지의 차이로 인해 나타나는 것이다. 예를 들어 에너지의 파장이 자신과 같은 사람에게는 친밀감을 느끼게 되고, 자신과 다른 사람에게는 거리감을 느끼게 되는 것이다. 일상 생활에서는 친구를 선택할 수 있지만, 회사에서는 자신과 잘 맞지 않는 사람과도 잘 지내야 한다. NLP 기법을 활용하면 도움이 될 것이다.

바디 랭귀지

NLP 기법을 활용하면 상대방과 바디 랭귀지가 비슷해지도록 하여 상대방과 쉽고 빠르게 친해지는데 도움이 된다.

■우선 상대방의 행동에 관심을 기울여야 한다. 상대방이 앉아 있는가, 혹은 서 있는가? 편안한 자세를 취하고 있는가, 경직된 자세를 취하고 있는가? 머리를 꼿꼿하게 세우고

눈을 마주보고 이야기하면 친밀한 관계를 형성하는데 도움이 된다. 그러나 적당히 눈이 마주치도록 하면 관계에 도움이 되지만, 지나치게 상대방의 눈을 응시하면 대화에 방해가 된다.

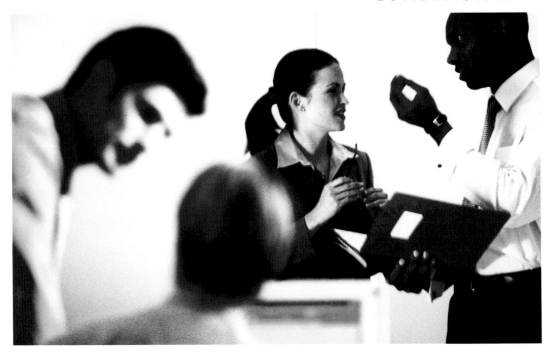

있는가? 혹은 머리를 한쪽으로 기울이고 있는가? 혹은 머리를 아래로 내리고 있는가? 상대방의 자세를 따라 한다는 느낌을 주지 않도록 신경을 쓰면서 비슷한 자세를 취한다.

■ 개인의 영역을 상대방이 결정할 수 있도록 한다. 만일 상대방이 가까이 다가오더라도, 뒤로 물러서서는 안 된다. 마찬가지로, 상대방이 일정 거리에 머무르고 있다면, 더 이상 다가가지 않는다.

■ 얼마나 자주 서로 눈이 마주치는가? 상대방이 원하는 정도에 맞춘다.

■ 상대방이 호흡에 주의를 기울인다. 가슴 윗부분을 중심으로 호흡을 하는가, 혹은 가슴 아래쪽을 중심으로 호흡을 하는가, 혹은 복부까지 활용하여 심호흡을 하는가? 가능하다면, 상대방의 호흡 방식을 따라 한다.

■ 상대방이 어떤 방식으로 이야기를 하는가? 이야기의 속도가 빠른가, 혹은 느린가? 목소리가 높은가, 낮은가, 부드러운가, 혹은 리듬을 타면서 자연스럽게 이야기를 하는가? 상대방의 말투를 그대로 따를 필요는 없지만, 상대방과 자신의 말투가 너무 다르면, 비슷해지도록 노력한다.

개인 영역은 중요하다. 상대방이 개인 영역을 정할 수 있도록 한다. 그러나 자신의 영역을 마음대로 침범하도록 두는 것은 좋지 않다.

언어를 이용한 의사 소통
상대방이 어떤 언어를 사용하는지 주의 깊게 듣는 것이 좋다. 대부분의 사람들은 시각, 청각, 운동 감각 중 한 가지 감각과 관련된 표현을 주로 사용한다. 상대방이 사용하는 표현이나 어휘를 통해서 어떤 감각을 우선시하는지 파악할 수 있다.

■ 시각 : "무슨 뜻인지 알겠어요." "감이 잡히네요." "내 관점에서 볼 때는..." "내가 볼 때는..."

■ 청각 : "당신이 말하고자 하는 의미를 알겠어요." "우리는 파장이 같군요." "무슨 생각을 하는지 말해줘요." "당신이 말하고 싶은 건..."

■ 운동 감각 : "내 느낌은..." "이제 이해하는군요." "잠깐만 기다려요." "이제 시작해 보죠."
상대방이 사용하는 언어나 표현을 바탕으로 상대방의 언어를 이해한 후에, 비슷한 표현을 사용하면 도움이 된다. 비슷한 표현을 사용하면 상대방이 편안한 기분을 느끼게 되고, 서로 같은 파장을 느끼게 되어 동질감을 느낄 수 있다.

우울한 기분 떨치기

누구나 가끔씩은 우울한 기분을 느끼게 마련이다. 기분이 가라앉으면, 당장 어디론가 숨어 버리고 싶지만, 현실은 그 반대이다. 동종 요법, 아로마테라피, 꽃에서 추출한 에센스 등을 활용하면 우울한 기분을 떨쳐버리는데 도움이 된다.

바흐의 꽃 요법
1930년대에 에드워드 바흐 박사(Dr. Edward Bach)가 개발한 이 요법은 동종 요법과 비슷하다. 이 요법에서 사용하는 치료제는 야생 식물에서 자라는 꽃에서 추출한 것이다. 물 한 컵에 에센스를 두 방울 떨어뜨리고 필요할 때마다 혹은, 하루에 네 번 정도 마시면 된다.

치료제	증상
겨자(Mustard)	특별한 이유없이 우울한 기분이 들 때
흰밤나무(White Chestnut)	마음 속에 걱정거리가 많아서, 평화로운 기분을 느끼고 싶을 때
너도밤나무(Elm)	보통 자신감이 넘치지만 해야 할 일이 너무 많아서 부담스럽고 절망적이고 실망스러운 기분을 느낄 때
가시금작화(Gorse)	냉소적인 기분이 들고 모든 것이 부정적으로 보이며, 그 어느 곳에서도 희망을 볼 수 없을 때
야생장미(Wild Rose)	아무런 동기를 느낄 수 없고, 체념했을 때 매사에 냉담해지고 변화에 관심이 없을 때
버드나무(Willow)	자신의 불운과 부정적인 면만 떠오를 때 화가 나고 기분이 좋지 않으며, 무언가를 용서하고 잊기가 힘들 때
용담(Gentian)	부정적이고 자기 자신에 대한 의심으로 가득할 때 실패와 고난으로 인해 우울하고 슬픈 기분을 느낄 때

아로마테라피

다음 오일 중 하나를 골라 티슈에 몇 방울 떨어뜨려 냄새를 맡는다. 가능하면, 향기 분사기나 오일버너(아로마테라피 전문점에서 쉽게 구할 수 있다.)를 사용하는 것이 좋고, 샤워 수건에 오일을 몇 방울 떨어뜨려 목욕이나 샤워를 할 때 몸을 문지르면 도움이 된다. 얼굴을 비롯한 민감한 부위에는 사용하지 않는 것이 좋다.

치료제	증상
시더우드(Cedarwood)	몸과 마음에 기운을 북돋운다. 분노와 두려움이 사라지게 하고, 우울한 기분을 떨치도록 도와 준다. 임신 중에는 사용하지 않는 것이 좋다.
라임(Lime)	기분이 상쾌해지고 힘이 생기도록 한다. 피곤하고, 화가 나고, 냉담하고, 우울할 때 사용하면 좋다. 민감한 부위에는 사용하지 않는 것이 좋다.
네롤리(Neroli)	에너지가 솟는다. 자신감을 불어넣어 주고, 감정이 흔들리지 않도록 도와준다. 충격적인 일을 겪었거나, 당황스럽고, 긴장되고 우울할 때 사용하면 도움이 된다.
베르가못(Bergamot)	흥분한 마음을 가라앉히고 기운을 북돋아 에너지의 균형을 맞춰준다. 스트레스를 받고, 화가 나며, 우울하고, 슬플 때 사용하면 도움이 된다.

동종 요법

다음에서 설명하는 세 가지 동종 요법은 우울한 기분을 날려 버리기 위한 대표적인 방법이다. 자신의 증상과 가장 알맞은 방법을 선택하면 된다. 다음 치료제는 알약으로 섭취할 수 있으며 농도가 30c인 제품을 먹으면 도움이 된다. 동종 요법을 사용해도 우울한 기분을 떨칠 수 없다면, 병원에 가야 한다.

치료제	증상
금(AUrum)	원래 이상주의자지만, 자신이 무가치하다고 느낀다. 자신과 자신의 삶에 싫증과 두려움을 느낀다. 소음과 시끄러운 환경에 민감하게 반응한다.
나트륨 염화수소(Nat Mur.)	슬프지만 눈물을 흘릴 수가 없다. 지나간 슬픔에 묻혀서 살아간다. 다른 사람과 어울리는 것도 싫지만 혼자 있는 것도 싫다. 고귀한 성품을 갖고 있지만 연민을 바라지 않는다.
세피아(Sepia)	근심이 많고 무관심하며 자꾸 눈물이 난다. 답답하며 초조하고 쉽게 상처받는다. 저녁이 다가오면 화가 난다.

실망감 극복하기

삶이 항상 계획한 대로만 흘러가는 것은 아니다. 사람은
누구나 실망하고, 반대에 부딪히게 되고, 실패를 하기도
한다. 다음에서 제시하는 시각화(視覺化) 방법을 사용
하면 실망감을 극복하고, 좀 더 긍정적으로 세상을
바라보고, 자신감과 평화로운 기분을 되찾는데
도움이 된다.

1 다른 사람으로부터 방해받지 않는 조용한
장소를 찾은 후, 편안한 자세로 눕거나 앉는다.
눈을 감는다.

2 호흡에 주의를 기울인다. 심호흡을 하면서 편안한
기분을 느낀다. 숨을 들이쉬면서, 숨을 배까지 끌어
내려, 복부가 부풀어오르게 하고, 숨을 내쉬면서, 복부가
줄어들도록 한다. 자신을 괴롭히는 문제에서 벗어나
호흡에 집중하는 것이 중요하다.

3 탁 트인 넓은 공간 속에 있는 자신의 모습을 떠올린다.
그런 다음 자신의 눈앞에 놀이 동산에 있는 커다란 공중 관람
차가 있다고 상상한다. 관람차가 돌아가는 모습을 떠올리면서
속도가 점점 느려져 멈춘다고 상상한다. 관람차가 점점 멀어
지다가 다시 점점 앞으로 다가오는 모습을 떠올린다. 관람차
안에 있는 사람들이 꼭대기로 올라갔다가 다시 점점 내려와
땅에 가까워지는 모습을 그려본다.

4 몇 분 동안 관람차가 돌아가는 방향을 따라 눈동자만 움직
이다가, 머리도 따라 움직인다. 관람차가 위로 올라갈 때에는
자기 자신에게 "나는 위로 올라가고 있어."라고 말하고, 관람
차가 아래로 내려갈 때에는 자기 자신에게 "나는 아래로 내려
가고 있어."라고 말한다. 차분하고, 편안하며, 고요한 기분을
느끼도록 한다. 아래로 내려가고 있더라도, 언젠가는 다시
올라간다는 사실을 기억해야 한다. 내면의 평화를 느낀다.

5 자기 자신에게 이야기할 수 있는 긍정적인 메시지를 떠올린다. 지금 느끼고 있는 평화로운 기분을 이어갈 수 있는 메시지를 생각해 내면 된다. "나는 괜찮아. 나는 괜찮아." "위로 올라가든, 아래로 내려가든, 항상 잘 될 꺼야." "올라갔다 내려간다. 차분하고 침착한 기분이야."등의 메시지를 자기 자신에게 반복해서 이야기한다. 관람차의 움직임을 따라 하면서 마음 속으로 이야기해도 되고, 크게 소리를 내도 된다.

6 이제 머리의 움직임을 멈춘다. 자기 자신에게 더 이상 실패 등으로 인해 우울해 하거나 슬퍼하지 않겠다고 다짐한다. 그동안 자신이 느껴왔던 실망, 분노, 좌절, 실패는 바퀴가 내려가는 것과 마찬가지라는 사실을 떠올린다. 실패 없이 진정으로 성공한 사람은 없다. 누구나 마찬가지이다. 자신이 커다란 실패라고 느끼는 것도 하나의 과정에 불과하다.

7 스스로 자신의 목표를 떠올리면서 목표에 도달하기 위한 방법을 반복해서 얘기한다. 눈을 뜨고, 일어서서 스트레칭을 하고, 바른 자세로 선다. 음료나 가벼운 스낵을 먹으면서 정신이 맑아지도록 한다. 자신에게 주어진 행운이 모든 것을 바꾸어 놓을 것이라고 확신한다.

★참고 : 자신이 평소에 실망감이나 실패를 경험했을 때 쉽게 좌절하는 사람이라면, 주기적으로 위의 시각화 방법을 활용하면 도움이 된다. 그렇지 않은 경우라면, 기분이 우울할 때에만 이 방법을 활용해도 충분한 효과를 누릴 수 있다.

음악을 통한 기분 전환

빠르게 기분을 전환하기를 원하는가? 음악 치료를 활용하면 간단하면서도 강력하게 우울한 기분을 전환할 수 있다.(회사에서 음악을 들을 수 있다면, 회사에서도 시도해보는 것이 좋다.) 음악을 활용하면 스트레스를 없애고 에너지가 생기도록 할 수 있다.

즐거움

음악 치료의 기본 원리는 즐거움이다. 음악 치료는 간단하면서도 강력한 방법이다. 음악의 박자에 기분이 동화된다. 처음에는 자신의 기분에 맞는 음악을 선택한다. 그런 다음, 음악 선곡을 바꾸어 점점 기분을 변화시켜 가는 것이다.

즐거운 기분을 느낄 수 있는 테이프 만들기

다음 방법을 잘 활용하면 우울한 기분도 즐겁게 만들 수 있다. 녹음기와 녹음할 수 있는 테이프(60분용과 90분용이 있다.)를 준비한다.

■ 현재의 기분(자신감 상실, 우울한 기분, 분노)과 비슷한 종류의 음악을 골라서, 테이프의 시작 부분에 녹음한다. 만일 현재 자신의 기분이 좋지 않다면, 우울하고 슬픈 음악을 고르게 될 것이며, 화가 났다면, 템포가 빠른 음악을 고르게 될 것이다.

■ 현재의 기분과 자신이 원하는 기분(자신감이 넘치고 기분이 좋으면서 차분한 상태)의 중간 분위기를 담고 있는 음악을 3~4개 고른다. 우울함을 조금 누그러뜨리거나 분노를 느끼게 하면서도 어느 정도는 가라앉은 음악을 고르는 것이다. 3~4개의 곡 중에서 가장 우울한 종류의 음악을 가장 먼저 녹음하고 점점 밝은 분위기로 바뀌도록 한다.

■ 그런 다음 자신이 원하는 상태와 가까운 음악 3~4곡을 마지막으로 녹음하여 작업을 마무리한다. 정신적으로 고양된 기분을 느끼고 싶다면 헨델의 메시아에 나오는 '할렐루야' 등을 녹음해 두면 좋다.

■필요할 때마다 테이프를 꺼내어서 듣는다. 어느 장소에서나 음악을 깔아놓고 다른 일을 하면 된다.

기타 음악 기법

■화가 나거나 짜증이 날 때에는, 부드럽고 따뜻한 음악을 들으면 더욱 화가 치밀어 오른다. 대신에, 자신의 기분과 비슷한 홀스트의 행성에 수록되어 있는 '화성' 이나 로시니의 '윌리암 텔 서곡' 등을 듣는 것이 훨씬 효과적이다.

■초조하고 스트레스를 받을 때에는, 기분을 진정시켜 주는 음악을 듣는 것이 좋다. 느린 현악 협주곡이 가장 좋다. 비발디나 텔레만을 선택하면 도움이 된다.

■자신감을 향상시키고 싶으면, 기계 음악이나 정신을 고양시켜주는 음악을 듣는 것이 좋다.

카세트 플레이어를 구매하여 어디 서든 필요할 때마다 음악을 들으면 도움이 된다.

6
휴식

점심 시간이 되었다. 하루 일과의 절반을 마무리하는 시간이다. 이 시간 동안은 재충전을 하고 활기를 불어넣을 수 있다. 오전 동안 일이 잘 진행되었고, 기분이 좋았다면, 오후도 즐겁게 보낼 수 있을 것이다. 직장인들에게는 몇 분 동안만이라도 기분을 재충전하고 활기를 불어넣는 것이 중요하다. 그러나 오전 동안 힘든 시간을 보냈더라도, 모든 것이 끝난 것은 아니다. 하루를 두 부분으로 나누어서 생각해보자. 이미 흘러가 버린 오전은 덜 중요하다고 생각하고, 남아있는 오후에 초점을 두자.

올바른 태도로 임하면 모든 것이 가능해진다. 점심 시간을 활용하여 5분 동안 명상을 하고, 오전의 긴장감을 날려버릴 수 있으며, 요가 동작으로 스트레스를 없애고, 에너지를 충전할 수 있다. 화가 나고 짜증이 났다면, 감정과 기분을 차분하고 침착하게 가라앉혀 주는 호흡법을 시도해 보는 것이 좋다.

또한 책상에 앉아서 중국에서 유래된 기공 체조를 하면 에너지의 균형을 찾을 수 있고, 몸에 활력을 불어넣을 수 있다. 만일 주위에 조용한 장소가 있다면, 소리의 힘을 이용하여 스스로에게 힘을 실어줄 수 있다.

물론, 이 시간을 이용해 건강하고 영양가가 높은 점심 식사도 해야 한다. 점심은 가볍게 영양소만 섭취하는 아침과는 다르다. 점심때에는 사람마다 필요로 하는 영양소가 다르기 때문에, 어떤 음식을 선택할 지도 매우 중요한 요소로 작용한다. 그러나 항상 정찬을 먹어야 하는 것은 아니다. 잘못된 음식을 먹으면, 오후 내내 기분이 좋지 않다. 자신에게 알맞은 점심을 먹으면, 기분이 좋아지며 에너지가 넘치게 된다.

음식의 올바른 선택은 기억력도 향상시켜 정신적인 능력까지 향상된다. 점심을 먹은 후에는 포만감으로 식곤증이 밀려오게 마련이다. 그러므로 배가 불러 졸릴 만큼 식사를 하면 안 된다. 현명하게 식단을 고르고 오후에도 멋지게 일을 해낼 수 있도록 해야 한다.

좌측 : 〈야채 카레〉 만드는 법은 부록 참조(p.152~153)

에너지 충전

식사를 통해 배고픔을 없앨 수 있을 뿐 아니라 기분도 전환시킬 수 있다는 사실을 알고 있는가? 최근의 한 연구에서는 자신에게 어울리는 음식을 먹으면 우울한 기분이 사라질 뿐 아니라 기억력도 향상된다고 밝히고 있다.

에너지 충전
다음 음식을 먹으면 에너지가 충전된다.
- 단백질이 많은 음식 : 해산물-새우, 생선, 조개, 홍합(임산부는 먹지 않는 것이 좋다.), 칠면조 가슴살, 저지방이나 지방을 제거한 요구르트나 우유
- 붕소를 함유한 음식 : 과일(사과, 배, 복숭아, 포도), 견과류, 브로콜리, 콩

기억력 향상
다음 음식을 먹으면 기억력이 향상된다.
- 티아민이 풍부한 음식 : 밀 맥아, 밀기울, 땅콩, 영양소를 강화한 시리얼
- 리보플라빈을 함유하고 있는 음식 : 아몬드, 영양소를 강화한 시리얼, 우유, 간(임산부는 섭취하지 않는 것이 좋다.)
- 카로틴을 함유하고 있는 음식 : 짙은 녹색 채소, 잎이 많은 야채, 황색 과일과 야채
- 아연을 함유하고 있는 음식 : 해산물(임산부는 섭취하지 않는 것이 좋다.), 콩, 시리얼, 정제하지 않은 곡물

회사에서의 점심
정신적인 능력을 향상시킬 수 있는 메뉴 : 녹색 채소, 토마토, 페타 치즈, 구운 두부, 지방이 없는 드레싱으로 만든 샐러드, 정제하지 않은 곡물로 만든 롤, 새우와 브로콜리를 곁들인 정제하지 않은 밀가루로 만든 파스타, 과일 샐러드, 지방이 없는 요구르트와 우유로 만든 복숭아 스무디

※〈해산물 볶음 요리〉를 만드는 법은 부록 참조(p.152~153 참조)

피해야 할 음식

★포화 지방(붉은 육류, 베이컨, 소시지 등)

★버터

★알코올

★카페인(초콜릿과 탄산 음료 포함)

★가공 음식

★다이어트 식품에 들어 있는 인공 감미료

★첨가제, 색소, 방부제가 들어 있는 음식

원기 재충전

손바닥을 이용해 명상을 하면 언제 어디서나 간단하게 휴식을 취할 수 있다. 이 방법을 활용하면 심장 박동이 느려지고, 호흡이 고르고 편안해진다. 몸에서 긴장감이 사라지는 것을 느낄 수 있다.

손바닥을 이용한 명상

1 양 팔꿈치를 책상 위에 올리고 그림과 같이 손을 얼굴에 갖다 댄다. 이때 손바닥을 가볍게 오므려 눈 위로 올린다. 눈 주위를 누르지 말고, 가볍고 부드럽게 대고 있는다.

2 어깨의 긴장을 풀고 편안한 기분을 느낀다.

3 조용히 앉아서 손에서 시(視)세포 하나하나에 전해지는 온기를 느낀다. 손바닥에서 전해지는 에너지가 눈으로 옮겨가 에너지, 지혜, 선명함을 불어넣어 준다. 이제 스스로 자기 자신에게 남은 오후 동안 지혜롭고 올바르게 세상을 볼 수 있을 것이라고 이야기한다.

4 이마 중앙에 통찰력과 정신적 자각을 담당하는 제 3의 눈이 있다고 상상한다. 이 부위가 점점 강화되고 있다고 생각한다. 자기 자신에게 통찰력을 통해 남은 오후 동안 올바른 선택과 판단을 할 수 있을 것이라고 이야기한다.

5 가능한 오랫동안 이 자세를 유지한다.

6 다시 정신을 차리고 현실로 되돌아온다. 일상적인 기분을 느낄 수 있도록 두 발을 정확하게 땅에 딛는다.

흥분 가라앉히기

흥분을 가라앉히기 위해서 요가에서 사용하는 호흡법을 활용하면 마음이 곧 진정되고 차분해진다. 여름에, 너무 더워서 짜증이 날 때에도 이 방법을 사용하면 매우 효과적이다. 이 호흡법을 활용하면 차가운 공기를 받아들여, 체내의 과열된 에너지를 진정시킬 수 있다.

마음을 진정시키는 호흡

1 편안한 자세로 앉는다. 양손을 무릎 위에 올려둔다. 눈을 감고 자신의 자연스러운 호흡 패턴이 어떠한지 살핀다.

2 혀를 말아서, 끝이 입술 밖으로 튀어나오도록 한다. 이 동작을 하기가 어려우면, 입을 약간 벌리고 혀를 지나 차가운 공기가 입 속으로 들어오도록 해도 된다.

3 혀 사이의 공간을 통해 숨을 들이쉰다. 혀 주위로 차가운 공기가 전해지는 것을 느낄 수 있을 것이다.

4 다시 같은 방법으로 숨을 깊이 내쉰다. 자신이 할 수 있는 범위 내에서 몇 분 동안 이 동작을 반복한다. 차가운 기운이 척추를 타고 흘러 내려가 몸 전체에 전해지는 것을 느낄 수 있을 것이다.

5 원래의 정상 호흡으로 돌아온다. 다시 한 번, 자신을 둘러싼 주변에 대해 생각해 본다.

6 시선을 아래로 떨구고 천천히 눈을 뜬다. 자신의 느낌에 집중하고, 잠깐 동안 가만히 앉아서 몸 속의 에너지가 전달되는 것을 느낀다.

혀를 말 수 없어도 괜찮다. 혀를 말지 않고 입을 약간 벌린 채로 호흡을 하더라도 같은 효과를 얻을 수 있다.

몸과 마음의 균형 맞추기

하루가 절반 정도 지나간 점심 시간에는 다시 에너지를 불어 넣고, 오전에 받은 스트레스를 떨칠 수 있도록 해야 한다. 다음에서 설명하는 요가의 동작을 활용하면 경직된 근육을 풀어줄 뿐만 아니라 몸 전체가 스트레칭 된다. 또한 소화에도 도움이 되고, 전신에 에너지를 불어넣을 수 있다. 점심을 먹기 전에 이 동작을 하는 것이 좋다.

> **주의**
> 임신 중이거나 고혈압, 심장 질환, 등 질환, 관절 질환이 있을 때에는 의사와 상의한 후 이 동작을 시도하는 것이 좋다.

새로운 에너지 공급

일단 이 동작에 익숙해지면 자신의 기분에 맞추어(느리게 혹은 힘차게) 여러 번 반복하는 것이 좋다.

1 기공의 기본 시작 자세를 하고 선다.(p.16 참조) 손을 배꼽 바로 아래에 가볍게 올린 후, 코를 통해 심호흡을 한다.

2 '하' 하고 큰 소리를 내면서 입을 통해 숨을 내쉰다. 동시에 오른쪽 무릎을 앞으로 구부리면서 내민다. 이때 팔을 위로 들어 올려 양손이 서로 마주보도록 한다.(전사 자세) 무릎은 직각으로 세우고 눈은 정면을 쳐다본다. 이제 시작 자세로 돌아가면서 숨을 들이마신다. 다리를 바꾸어 동작을 반복한다.

3 '하' 하고 소리를 내면서 숨을 내쉼과 동시에, 오른쪽 다리를 오른쪽으로 옮긴다.(두 다리 사이는 벌어진다.) 그런 다음 양쪽다리를 구부려 쪼그리고 앉는 듯한 동작을 취하면서 다리를 벌린다. 팔꿈치를 직각으로 구부리면서 팔을 위로 들어 올려, 손바닥이 서로 마주보도록 한다. 다시 시작 자세로 다리를 옮기면서 숨을 들이마신다. 이제 왼쪽 다리를 먼저 옮기면서 동작을 반복한다.

4 손은 깍지를 끼고 배 위에 올린다. 숨을 들이마시면서 깍지 낀 손을 위로 들어 올린다. 이때 손바닥이 위를 향하도록 한다. 숨을 내쉬면서 무릎을 살짝 구부리고, 다시 팔을 내려 배 위에 손을 올린다. 이 동작을 3~4번 반복한다.

5 무릎을 바로 펴고 기본 시작 자세를 취한다. 양팔은 편안하게 내린다. 눈을 감고 몸 속의 에너지를 느낀다.

오전에 있었던 나쁜 일 잊어버리기

힘든 오전을 보냈다면, 다가오는 오후도 두려울 것이다. 이럴 때에는 지난 시간을 잊어버리고 에너지가 다시 균형을 찾을 수 있도록 하여 남은 하루를 슬기롭게 보낼 수 있도록 해야 한다. 몸을 가볍게 두드리고 호흡을 하는 것만으로도 에너지가 다시 샘솟도록 하고 에너지의 균형을 맞출 수 있다.

세 가지 두드리는 방법

중국의 기공에서 유래된 이 방법은 신체 각 부위를 리드미컬하게 두드려 조직 깊숙이 진동이 전해지도록 하여, 혈액 순환을 돕고 에너지가 잘 흘러갈 수 있도록 하는 것이다. 다음은 바로 두드려서 기운을 바로잡는 세 가지 방법이다.

머리와 목 두드리기

1 손바닥을 빠른 속도로 문질러서 따뜻해지도록 한다.

2 주먹을 쥔다. 이때, 엄지손가락이 집게손가락 위로 올라오도록 한다.

3 주먹 쥔 손가락과 주먹 쥔 손의 바닥면을 이용해서 목 뒤쪽과 머리를 두드린다. 척추 양쪽을 따라, 어깨 위에서부터 목을 지나 두개골의 아래쪽까지 두드려 준 후 다시 목으로 내려온다. 항상 중앙을 두드려주어야 한다는 것을 기억하면서 머리 전체를 두드려 준다.

신장과 부신 두드리기

주먹을 쥐고 손등의 튀어나온 부위를 이용해 등에서 좌측 신장과 우측 신장이 있는 부위를 위에서 아래로 두드려준다. 척추 양쪽의 아랫배 바로 위쪽에 신장이 자리하고 있다. 한쪽을 약 2분씩 두드려준다.

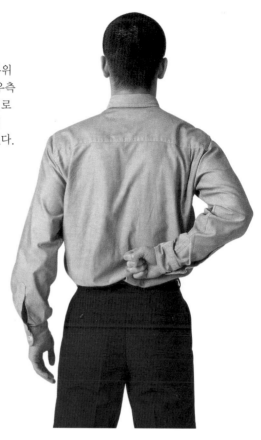

흉부 두드려주기

주먹을 쥐었을 때 손가락 마디가 꺾이는 부분을 이용해서 가슴 중앙 부위를 리드미컬하게 두드려준다. 한 번 세게 두드리고 두 번 가볍게 두드린다. 약 2분 정도 두드려준다.

전신 다스리기-소리 명상

직장 내에 다른 사람으로부터 방해받지 않을 수 있는 공간이 있는가? 만일 그렇다면, 그곳에서 점심 시간을 이용해 에너지의 균형을 맞추기에 더할 나위 없이 좋다. 소리는 사람의 마음을 치유하는 놀라운 능력을 갖고 있다. 뿐만 아니라 특정 음조로 다양한 소리를 내면 체내에 있는 7개의 차크라가 최상의 상태로 바뀌게 된다.

차크라에 에너지 불어넣기

1 편안한 자세로 앉아서 눈을 감는다. 자신의 호흡을 느끼며 몇 분 동안 가만히 앉아 있는다.

2 깊이 숨을 들이마시고 척추 끝에 있는 루트 차크라에 신경을 모은다. 붉은색을 떠올리면서 깊은 곳에서부터 나오는 '어' 소리를 낸다. 척추 끝, 생식기 주위에서 소리가 진동하는 것을 느낀다. 이 진동을 통해 좀 더 안정된 기분을 느끼게 된다.

3 오른쪽 그림에 나타나 있는 7개의 차크라에 정신을 집중하면서 각 차크라에 해당하는 소리를 내고, 색깔을 떠올리고, 그 기분을 느낀다. 소리는 점점 깊어지게 되고, 위쪽에 있는 차크라로 마음을 옮겨갈수록, 소리의 톤이 높아진다.

4 가장 마지막으로, 정수리 부위에서 황금빛을 띤 하얀색을 발하며 반짝이는 크라운 차크라로 신경을 옮겨간다. 이 곳에 이르면 아주 높은 '이' 하는 소리를 낸다. 이 소리를 내면서, 자신이 고귀한 자아와 정신적인 감각과 연결되어 있다고 생각한다. 그런 다음, 이 소리가 몸을 타고 전해지면서 모든 차크라가 서로 연결되어, 균형 감각이 살아난다고 느껴보자.

5 다시 평상시의 느낌을 되찾는다. 조용히 앉은 상태로 발을 땅에 딛고 눈을 뜬다. 완전히 일상으로 돌아오려면 이 동작을 마친 후 무언가를 먹는 것이 좋다.

7개의 차크라

차크라(Chakras) 체내의 생체 에너지가 모이는 부위를 뜻한다. 오른쪽 그림에서 보이는 것처럼 사람의 몸에는 척추의 끝부분에 있는 루트(뿌리) 차크라부터 머리 위에 있는 크라운(정수리) 차크라까지 모두 7개의 차크라가 있다. 모든 차크라가 균형을 이루며 진동할 때, 건강하고 행복한 삶을 살 수 있다.

크라운 차크라 : 머리 바로 위에 위치한다.
소리 : '이' / 색깔 : 황금빛을 띠는 하얀색,
느낌 : 가장 고귀한 자아와 영적인 세계와
     연결된 기분

제 3의 눈 : 눈썹 중간에 위치한다.
소리 : '에이' / 색깔 : 남색
느낌 : 통찰력, 지혜, 직관력이 생기는 기분

목 차크라 : 목 부위에 위치한다.
소리 : '예이' / 색깔 : 푸른색
느낌 : 차분함, 정확한 의사 소통

가슴 차크라 : 가슴에 위치한다.
소리 : '아' / 색깔 : 녹색
느낌 : 열정, 자신과 타인에 대한 사랑

태양신경총 차크라 : 가슴뼈와 배꼽 사이에 위치한다.
소리 : '오' / 색깔 : 노란색
느낌 : 개인적인 힘

천골 차크라 : 생식기 부위에 위치한다.
소리 : '우' / 색깔 : 오렌지
느낌 : 자신에 대한 가치, 긍정적인 마음가짐

루트 차크라 : 척추 끝에 위치한다.
소리 : '어' / 색깔 : 붉은색
느낌 : 안정되고 편안한 느낌

3부

하루 마무리 하기

하루 업무가 끝난 후의 저녁 시간과 주말은 완전한 자신만의 시간이다.
편안하고 즐거운 마음으로 이 시간을 잘 활용해 보도록 하자.

7
업무 잊어버리기

하루 일과가 끝나는 시간은 의미 없이 흘려 보내기가 쉽다. 업무가 끝나자마자 옷을 갈아입고, 사무실을 빠져나가 버리는 경우가 많다. 그러나 퇴근하기 전에 빠뜨리지 말아야 할 것이 있다.

하루의 업무를 모두 마치는 시간은 심리적으로 커다란 의미가 있다. 업무를 마친 후에 어떻게 직장을 벗어나는 가가 중요하다. 약 5분 동안 하루 일과 중 가장 중요한 부분을 생각해 보고 정리하는 것이 좋다.

5분 동안 내일을 위해 정리하고 계획을 세우면 업무를 진행하는 시간이 줄어들고 효율성이 높아진다. 쉽고 간편한 시간 관리 법을 잘 활용하면 업무 성취에 대한 효율성을 극대화시킬 수 있을 뿐 아니라, 내일 어떤 일을 해야 할 지 정리해 놓고 가벼운 마음으로 퇴근할 수 있다.

직장에서 사용하는 책상은 창조적인 활동을 하기 위한 각 개인만의 신성한 장소이다. 몇 분의 시간을 할애하여 책상 위를 정리하고 자신에게 힘을 주는 물건을 올려 두면 업무에 도움이 되는 장소로 변모시킬 수 있다.

책상 정리가 끝나면 조용히 자리에 앉아서 일에 쏠려있던 마음을 개인적인 생활로 옮겨가도록 한다. 만일 하루 종일 기분이 좋지 않았다면, 영기 운동(reiki)으로 마음을 차분하게 가라앉히도록 한다. 이 운동을 통해 불쾌한 기분이 모두 사라지도록 하고, 퇴근 후 저녁 시간을 즐길 수 있도록 준비하는 것이다.

가벼운 요가 동작과 시각화 기법을 활용하면 머리 속에서 업무에 관한 생각을 지우고 휴식을 취할 수 있다. 또한, 매일 업무를 끝낼 때마다 자신만의 의식을 통해 몸과 마음에 하루 일과가 모두 끝났다는 것을 일깨워 주는 것도 좋은 방법이다.

미래 지향적인 생각, 내일을 계획하자

에너지와 활력이 넘치는 내일을 기대한다면, 그 전날 밤부터 준비를 해야 한다. 하루 일과를 마칠 때 몇 분만 투자하여서 내일 할 일을 미리 정리해 두면 몇 시간을 절약할 수 있다. 뿐만 아니라 차분하고, 안정된 기분으로 일을 마칠 수 있다.

책상을 신성한 곳으로 만들어라

5분의 시간을 투자하여서 책상을 완전히 바꾸어 놓을 수 있다. 잘 고른 물건을 몇 개만 올려두면 책상은 단순히 일을 하는 장소에서 창조적이고, 새로운 아이디어가 생겨나며, 즐겁게 일을 할 수 있는 곳으로 바뀐다. 자신에게 의미가 있는 물건을 고르는 것이 좋다. 책상 위에 올려두기에 적당한 물건은 다음과 같다.

★크리스탈(수정) : 크리스탈은 보기에도 좋지만 사람에게 에너지를 불어넣어 준다. 컴퓨터 위나 책상 위에 크리스탈을 올려두면 좋다. 크리스탈의 종류에 따라 그 효과도 달라진다. 황수정(黃水晶)은 자신감과 긍정적인 마음가짐을 불어넣어 주고, 금전적인 운이 따르도록 도와준다. 홍석영(紅石英)은 조화를 상징한다. 혈석(血石)은 의사 결정을 하는데 도움이 되고, 홍옥수(紅玉髓)는 의욕을 북돋워준다. 호안석(虎眼石)은 창조적인 능력이 생기도록 도와주며, 비취(翡翠)는 집중력을 향상시켜주며 업무의 균형이 깨지지 않도록 도와준다.

★양초 : 양초를 켜두면 집중력이 향상된다.

★식물과 꽃 : 풍수의 원리에 의해 식물과 꽃을 책상 위에 올려 두면 생명력과 에너지가 충만하며, 주위 환경으로부터 보호해 준다.(p.62-63 참조)

★조각과 작은 인형 : 부처상을 올려두면 평온한 마음을 느낄 수 있고, 여신상을 올려두면 든든함을 느낄 수 있으며, 춤추는 시바 여신상을 올려두면 에너지를 느낄 수 있으며 지혜를 상징하는 이집트의 신 토트의 조각상을 올려두면 예지력이 생기도록 도와준다.

★아름다운 조약돌, 나무 조각, 조개 껍질, 깃털 : 경이로운 대자연을 느낄 수 있도록 도와준다.

★유명인, 명소, 자신에게 힘을 불어넣어 주는 물건 등의 사진이나 액자를 올려둔다. 동기를 불어넣어 주는 명언이나 문구를 액자에 넣어 쳐다보는 것도 도움이 된다.

★룬스톤|Runestone ; 옛날 북유럽 민족이 쓴 룬 문자의 시나 신비스러운 기호|, **주역, 타롯카드**|Tarot cards ; 상대방의 잠재의식이나 사고, 감정으로부터 기인하며 그림의 종류와 위치를 이용하여 미래를 예견하는 트럼프| 등이 담겨 있는 주머니를 걸어두면 자신만의 공간인 책상을 신성한 장소로 만들 수 있다.

★컵이나 접시 : 예쁜 병에 물을 담아두고, 자신이 좋아하는 컵에 차와 물을 따라서 마시는 것이 좋다.

5분 동안 계획하기

1 퇴근하기 전 책상을 깨끗하게 정리하라. 책상 위에 어떤 것이 올려져 있는지 살펴본다. 불필요한 것들은 모두 버린다. 중요한 내용은 컴퓨터 파일로 정리해 둔다. 중요한 전화번호는 전화번호부에 옮겨 적는다. 서류는 깨끗하게 정리하여 모아둔다. 포도로 만든 아로마테라피 오일을 뿌린 후 책상을 닦아준다.

2 다이어리를 확인하라. 내일 어떤 일을 해야 하는가? 약속과 마쳐야 할 업무의 목록과 순서를 적는다. 친구나 동료, 가족의 생일이나 중요한 날이 다가오고 있지는 않은지, 점심 시간에 무엇을 하기로 했는지 미리 챙겨둔다.

3 하루 일과를 정리해 보라. 하루 동안 해야 할 일을 시간대 별로 나누고 하루 계획을 세운다. 하루 일과를 계획할 때에는 이동시간도 고려해야 한다. 이제 해야 할 일을 생각해 보도록 하라. 각 업무를 진행하기 위해 현실적으로 얼마만큼의 시간이 걸릴 것으로 예상되는가? 시간의 순서대로 하루에 해야 할 일과 그에 따른 소요 시간을 모두 적는다.

4 자신을 위한 시간을 계획하라. 5분 동안 요가나 명상을 하는 것이든, 장기간 동안 프로젝트를 진행하는 것이든 매일 일정한 시간을 정해두고 자신만을 위해서 활용하는 것이 중요하다.

5 중요 업무 이외의 사소한 일들을 진행하기 위한 시간을 고려하라. 가령 전화를 걸거나, 이메일을 보내고, 쇼핑을 하고, 최신 정보를 탐색하기 위한 시간 등을 고려해야 한다. 다이어리 한쪽에 진행해야 할 사소한 일들의 목록을 적어두어야 한다.

6 다음날 해야 할 일을 모두 정리했으면 이제 퇴근을 하면 된다. 오늘과 내일의 업무 정리가 모두 끝났으니 가벼운 마음으로 집으로 돌아갈 수 있다.

7 다음날 출근해서는 미리 정해둔 일정을 따르도록 노력해야 한다. 한 가지 일을 마치고, 다음 업무를 진행하기 전에 10여 분 정도 시간이 남는다면 미리 적어둔 사소한 일들을 해결하는데 그 시간을 이용할 수도 있고, 이 책에서 설명하는 에너지를 북돋워주는 운동을 따라 하는 것도 좋다. 일정을 따라 체계적으로 일을 진행하였기 때문에 여분의 시간이 남은 것이다. 이 시간을 유용하게 활용하면 된다.

일은 잊어버리고, 휴식하기

자. 이제 하루 업무가 모두 끝났다. 더 이상 업무에 대해 생각할 필요가 없다. 집으로 돌아온 후에도 여전히 일에 대한 생각이 머리에서 떠나지 않는다면, 일에 대한 생각을 떨쳐버리도록 노력해야 한다. 요가의 스트레칭 동작과 호흡법을 활용하면 몸과 마음에 모두 활력을 불어넣을 수 있다.

업무를 끝낸 후 스트레칭 하기
신발을 벗고 발가락을 쭉 뻗는다. 코트를 벗고 꽉 조이는 벨트와 장신구 등 움직이는데 방해가 되는 것들을 모두 벗어버린다. 스트레칭을 할 수 있는 평화로운 장소를 찾는다.

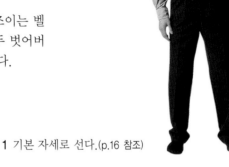

1 기본 자세로 선다.(p.16 참조)

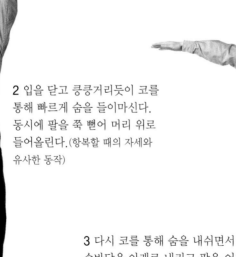

2 입을 닫고 콩콩거리듯이 코를 통해 빠르게 숨을 들이마신다. 동시에 팔을 쭉 뻗어 머리 위로 들어올린다. (항복할 때의 자세와 유사한 동작)

3 다시 코를 통해 숨을 내쉬면서 손바닥을 아래로 내리고 팔을 어깨 높이로 내린다. (열정이 넘치는 오케스트라의 지휘자가 된 듯한 기분으로)

4 다시 코로 호흡을 하면서 팔을
위로 들어 올린다.

5 '하' 소리를 내면서 숨을 내쉬고 팔을
아래로 내린다. 오래된 헝겊 인형이 된 것
처럼 허리와 무릎을 앞으로 숙인다. 머리,
목, 어깨, 팔, 손의 긴장을 푼다. 팔을
머리 위로 들어 올리면서 코로 숨을 들이
마신 후, 다시 기본 동작으로 서서 팔은
양옆으로 내린다.

6 2~5의 동작을 여러 번 반복하면서 편안하고
부드럽게 동작이 이어지도록 한다. 가능한 동작을
크게 하는 것이 좋다. 하루 동안의 걱정들을 모두
떨쳐버리는 기분으로 팔을 쭉 뻗어서 위로 올리고,
옆으로 뻗었다가 아래로 내린다. 모든 스트레스를
잊어버린다. 이제 시작할 때의 서 있는 동작을 취한
다음 눈을 감는다. 자신의 몸 속에 에너지가 어느
정도 느껴지는지 파악한다. 스트레칭이 모두 끝나면
마음이 깨끗해지고, 몸에 활력이 넘치고, 저녁 시간
을 활기차게 보낼 수 있는 준비가 되어 있을 것이다.

기분 전환

퇴근 후 집에 돌아오면 기분을 전환하기 위해 노력하는 것이 좋다. 자신만의 방법으로 이미 업무가 끝났으며 저녁 시간이 돌아왔다는 것을 느끼도록 해 보자.

집에 돌아왔을 때의 기분 전환법

1 집의 현관을 들어서면서 외부 세계에서 내부 세계로 들어가고 있다는 점을 떠올린다. 외투를 걸고, 가방을 내려 두고, 신발을 벗은 후, 슬리퍼를 신거나 맨발로 걷는다.

2 기분이 상쾌해지도록 샤워를 한다. 샤워할 때 사용하는 수건에 라벤더 오일을 몇 방울 떨어뜨린다.(임신 초기에는 라벤더 오일을 사용하지 않는 것이 좋다.) 샤워를 하면서, 하루 동안의 스트레스를 씻어버린다고 상상한다. 샤워를 끝내고 나오면 말 그대로 전혀 다른 기분이 되어있을 것이다.

3 편안한 옷으로 갈아입고 마음이 편안해지도록 한다. 집에만 있을 계획이라면, 느슨하고 간편한 옷을 입는 것이 좋다. 만일 외출을 계획한다면 자신의 진정한 모습을 드러낼 수 있는 옷을 선택한다. 자기 자신을 자유롭게 표출하는 것이 좋다.

4 자신의 모습을 거울에 비추어 보고 스스로에게 "나는 내 자신을 사랑해. 나는 내 스스로가 좋아."라고 거듭 말한다.

힘들었던 하루는 이제 잊자

힘든 하루를 보냈다면, 호흡법과 몸을 어루만지는 체조를 통해 기분을 전환할 수 있다. 영기|reiki ; 레이키|라고 하는 이 체조는 일본에서 전래된 정신 치유 방법이다. 이 체조를 하면 집중력이 강해지고, 차분해지며, 편안한 기분을 느낄 수 있고, 부정적인 생각들이 사라진다.

레이키 체조

1 편안한 자세로 바닥에 누워서 눈을 감는다. 자신의 호흡에 정신을 집중하고 호흡의 흐름을 느끼면서 숨이 들어가고 나가는 것을 느낀다.

2 신체 부위 중 긴장감이 느껴지는 곳에 손바닥을 올려둔다. 특별히 긴장이 느껴지는 곳이 없다면 아무데나 올려두고 싶은 곳에 손을 올려둔다. 직관적인 느낌을 통해 신체 부위 중에서 가장 휴식이 필요한 부위를 찾아 그 위에 손을 올려두는 것이다.

3 손을 올려둔 부위에 집중하면서 호흡을 한다. 자신의 호흡이 우주의 생명 에너지라고 생각하며 그 에너지가 자신의 몸을 흘러간다고 상상한다. 우주의 생명 에너지가 손바닥 아래에 모인 후 점점 몸 전체로 확대된다고 상상한다. 점점 손바닥 아래에서 평화롭고 아늑한 기운이 느껴지다가 그 기운이 퍼져나가는 것을 느낄 수 있을 것이다.

4 약 5분이 지난 후에, 손을 다른 부위에 올리고 위의 3단계의 동작을 반복한다. 손을 올리고 있는 동안 호흡이 변화하는 것을 느낄 수 있을 것이다. 만일, 호흡이 변하면 그 변화를 느끼면서 동작을 반복한다.

5 이제 신체 중 다른 부위 두 곳으로 손을 옮기고 에너지를 불어넣어 준다.

6 눈을 뜨고 몸을 쭉 펴서, 정신이 맑아지도록 한다.

8
자신만을 위한 시간

업무를 마치고 집으로 돌아왔다. 저녁이나 주말이 자신을 기다리고 있다. 이제 무엇을 해야 할까? 이 시간을 어떻게 활용해야 할까? 8장에서는 외출시 올바른 몸과 마음가짐을 가질 수 있도록 도움을 줄 것이다. 또한 로맨틱한 저녁 시간에 필요한 친밀함을 위한 식사법, 화(話)법 등을 풍수학을 통해 알기 쉽게 제시한다. 이 방법을 사용하면 틀림없이 데이트 상대도 당신에게 친밀감을 느낄 수 있을 것이다.

만일 그냥 집에 있을 예정이라면, 밤새 텔레비전을 보면서 시간을 헛되이 보내지 않도록 하는 방법을 알려줄 것이다. 열량이 높은 과자를 먹으면서 소파에 누워서 텔레비전을 보는 것은 에너지를 증진시키는데 전혀 도움이 되지 않는다. 집에 머무르는 시간을 활용하여 자기 자신에 대한 숨겨진 진실을 찾고, 창조력을 키우고, 눈앞의 문제를 해결하는 기회로 만들 수 있다. 이렇게 효율적으로 시간을 보내면 좋은 점이 많다. 얘를 들어 춤이나 그림을 통해 자신의 감정을 표현한다.

이 과정은 무척 흥미롭다. 자신에 대해서 지겹게 분석을 하는 것이 아니라 자신의 무의식 세계를 흥미로운 방법으로 찾는 시간이 될 수 있다. 춤을 통해서 자신의 내면 깊숙이 자리하고 있는 생각과 느낌들을 이해할 수 있다. 만약 그림을 그려본 적이 없다면, 미술 치료법을 활용해 보는 것도 좋다. 그림을 통해서 자신을 표현하면 치료에도 도움이 되고, 자신의 내면을 이해하는데도 도움이 된다. 그림을 그릴 때에는 예술적으로 표현을 하기 위해 노력할 필요가 없다. 사실, 예술적 재능이 적을수록 더 간결하고 이해하기 쉬운 결과가 나온다.

위에서 언급한 활동들에 흥미를 느낄 수 없다면, 저녁이나 주말 내내 이런 활동을 하면서 시간을 보낼 필요는 없다. 즉각적인 효과를 볼 수 있는 것들도 있다. 하루를 마무리하고 잠을 자기 전이나 주말에 점심 식사를 하기 전에, 《아유르베다》를 활용한 운동 방법(p.121)이나 티베트식 식단(p.123)에 대한 계획을 세울 수도 있다.

창조력을 발휘해 자신의 감정을 적어보거나, 과거를 되돌아보는 것도 좋은 방법이다. 글을 적다 보면 베스트셀러 소설이 탄생할 수도 있고, 어린 시절을 되돌아보면서 비만의 원인을 찾을 수도 있다. 몇 시간을 들여 자신을 되돌아보는 것만으로도 큰 도움이 된다.

기분 전환을 위한 음식

외출을 하고 싶은 기분인가, 집에 머무르고 싶은 기분인가? 음식은 사람이 느끼는 기분에 직접적으로 영향을 미친다. 따라서 외출을 하려고 한다면, 에너지가 넘치고 활동적인 기분을 느끼게 해 주는 음식을 먹어야 하고, 집에 머무를 예정이라면, 기분을 차분하게 가라앉혀 주는 음식을 먹는 것이 좋다.

기분을 차분하게 만들어주는 저녁

스트레스로 가득한 하루를 보낸 후 기분을 차분하고 침착하게 가라앉히고 싶다면, 탄수화물 함량이 높고, 단백질과 지방 함량이 낮은 음식을 먹는 것이 좋다. 다음과 같은 음식이 대표적이다.

■하얀 콩으로 만든 수프(오른쪽 참조)

■다양한 재료로 만든 그린 샐러드(차분하게 하는 효과가 있다.)

■옥수수빵(스트레스를 줄이고, 편안한 기분을 느끼도록 한다.) 만약 잠자리에 들기 전에 배가 고프다면, 편안한 기분을 느끼게 하고 수면을 유도할 수 있는 가벼운 음식을 먹는 것이 좋다. 저지방이나 무지방 우유에 정제하지 않은 곡식으로 만든 시리얼을 섞어서 먹으면 좋다.

에너지가 넘치도록 만들어주는 식사

저녁에 외출을 할 예정이라면, 영화를 보거나 춤을 추면서 에너지가 넘치는 기분을 느끼고 싶을 것이다. 가볍고 영양소로 가득 찬 음식을 먹는 것이 좋다. 고단백질의 지방이 적으며, 복합 탄수화물이 적당량 함유되어 있는 음식을 먹는 것이 좋다. 다음과 같은 음식이 대표적이다.

■녹색 채소, 포도, 송과|소나무 열매|가 들어 있는 칠면조 가슴살로 만든 샐러드나 따뜻한 치킨 샐러드(오른쪽 참조)

■양파, 토마토, 마늘을 곁들인 달|Lentil dal ; 렌즈 콩과 향료를 사용한 인도 요리의 하나|, 정제하지 않은 쌀로 만든 밥과 함께 먹는 것이 좋다.

■해산물 볶음 요리(임신 중에는 먹지 않는 것이 좋다.)

■신선한 과일과 과일 샐러드, 과일 스무디를 디저트로 먹는다.

분위기 전환을 위한 음식

★하얀 콩으로 만든 스프(위)는 기분을 차분하고 침착하게 만들어준다. 콩과 마늘은 우울한 기분이 사라지도록 도와주며, 양파와 감자 등은 불안한 기분이 사라지도록 한다.

★따뜻한 치킨 샐러드(왼쪽)와 신선한 과일 샐러드(아래)는 에너지를 증진시켜 준다.

※만드는 법은 부록 참조(p.152~153)

스스로 준비하는 '즐기기'

춤을 추면 몸과 마음이 모두 자유로워진다. 올바른 방법으로 춤을 추면 자신의 감정을 올바르게 다스릴 수 있게 되고, 내면 깊숙이 들어 있는 느낌과 생각들을 이해할 수 있게 된다. 바이오댄스(Biodanza)는 춤을 통해 치료를 하는 방법이다. 동작 하나하나와 음악이 생리적인 영향을 미친다. 다음에서 설명하는 방법을 따라 활용하면 에너지가 넘치고 즐거운 기분이 된다.

집에서 따라하는 댄스 강의

1 자신의 몸을 느끼면서 방을 따라 걷는다. 발이 땅과 연결되어 있는 기분을 느낀다. 팔을 자연스럽게 흔들고 머리는 숙이지 않는다. 점차 동작이 물 흐르듯이 자연스럽고, 활력과 생동감이 넘치도록 한다.

2 강하면서도 부드러운 멜로디의 음악을 튼다. 자신이 원하는 방식대로 춤을 추면 된다. 그러나 항상 가슴과 심장 부위에 신경을 쓰면서, 이 부위를 자연스럽게 움직이도록 노력한다.

3 좀 더 리듬이 강한 음악을 틀고 골반 부위를 중심으로 움직인다.

4 자신만의 방식대로 춤을 춘다. 멋지게 춤을 추기 위한 방법들에 대해서는 전혀 걱정할 필요가 없다. 그저 음악에 맞추어 자연스럽게 춤을 추면 된다. 공중으로 뛰어오르면서 점프를 하거나 바닥을 구르거나 등의 자유분방한 자신만의 춤을 춘다. 어떻게 춤을 추는지 그 방식은 중요하지 않다.

5 다른 사람에게 자신의 춤을 보여준다. 한 사람은 바닥에 앉고, 다른 사람은 그 앞에서 춤을 춘다. 만일, 보여줄 사람이 없다면, 누군가 특별한 사람을 위해서 춤을 추고 있다고 생각하면서, 자신의 앞에 누군가가 앉아 있다고 상상한다. 춤을 추면서 앉아 있는 사람들과 눈을 맞춘다. 그런 다음, 역할을 바꾸어 상대방이 춤을 추는 것을 지켜본다.

자신만의 방법에 따라, 다른 사람에게 춤을 보여준다. 다른 사람 앞에서 춤을 추면 재미있을 뿐 아니라 기분도 좋아진다.

문제 해결

붓이나 연필로 그림을 그리면서 시간을 보내는 것은 어린아이들에게나 어울리는 일이라고 생각하기 쉽지만, 어른에게도 매우 흥미롭고 재미있는 일 중 하나이다. 피카소처럼 그림을 멋지게 그리려고 할 필요는 없다. 미술 치료사들은 종이에 점을 찍는 단순한 행위만으로도 치료 효과가 있다고 주장한다.

자유로운 미술 치료법

1 물감(매직이나 크레파스를 사용해도 상관없다.)중 어떤 색깔이 가장 마음에 드는가? 이성적으로 생각을 할 필요가 없다. 그저 자신의 본능에 충실하게 대답을 하면 된다. 가장 마음에 드는 색깔을 선택한다.

2 붓이나 긁을 수 있는 도구를 이용해 그림을 그리면 자신이 어떤 그림을 그리고 싶은지 명확히 알 수도 있고, 그냥 단순히 종이 위에 을 찍고 싶을 수도 있다. 자신의 그림에 대해 객관적으로 비평할 필요는 전혀 없다. 그저 원하는 대로 그림을 그리면 된다.

3 계속 그림을 그리면서 어떤 모습이 나타나는지 지켜본다. 예상치 못한 모습이 나타날 때도 있다. 어떠한 느낌이 떠오르는가?

4 가만히 앉아서 자신이 그린 그림을 바라보자. 어떠한 의미가 담겨있는가? 자신의 삶에 대한 생각이나 느낌을 나타내고 있는가? 어떠한 주제나 질문이 담겨있는가? 자신의 삶에 영향을 미치고 있는 '커다란 혼돈' 이라는 답이 나올 수도 있다.

4 다 그린 후, 몸의 상태가 어떠한지 느껴보자. 통증과 고통을 느끼는지, 혹은 어떠한 기분을 느끼는지 집중하여 생각해보자.

5 자신이 그린 그림과 대화를 나누어보자. 그림 속에 담겨 있는 이미지와 이야기를 하거나, 그 이미지를 적어보자. 그림은 어떤 대답을 하는가?

6 그림을 더 그리고 싶은가? 그렇다면 계속 그리면 된다. 만일 멈추고 싶다면, 그림에 날짜를 기록한 후 보관한다. 일주일 정도 지난 후에 다시 그림을 보면 또 다른 생각이 떠오를 수도 있다.

시작하기

그림을 시작하기가 힘들다면, 다음 방법을 시도해 보는 것이 좋다.

★주로 사용하지 않는 손을 그려본다.(왼손잡이일 경우 오른손, 오른손잡이일 경우 왼손)이 방법을 사용하면 의식적인 긴장감이 사라지게 된다.

★음악을 틀어놓고 그림을 그린다. 느껴지는 대로 그림을 그린 후, 자신이 어떤 그림을 그리는지 지켜본다.

★눈을 가린 채 그림을 그린다. 놀랄 만한 결과가 나타날 수도 있다.

창조력 발휘

글을 쓰면 과거를 돌아볼 수 있고, 현재의 자신의 모습을 이해할 수 있기 때문에, 효과적인 자가 치료의 방법이 될 수 있다. 자유롭게 글을 쓰면 감정적인 장벽들을 제거하고, 창조력을 자유롭게 발휘할 수 있으며, 삶을 살아가는데 있어서 거의 모든 분야에서 도움이 된다.

자신의 감정 느끼기
1 다음의 문구 중 하나를 선택하여 문장을 만들어 보자. "나는 ~을 원한다." "나는 ~을 원하지 않는다." "나는 ~을 하고 싶다." "이상적인 세상에서는~"

2 그런 다음 같은 문장을 활용하여 공란을 채워 다른 방식으로 문장을 완성해보자. 5분 동안 계속 다른 문장을 만든다. 생각을 하거나 판단을 할 필요는 없다. 그저, 머릿속에 떠오르는 생각을 적으면 된다. 반복을 하다 보면 감정을 자유롭게 풀어놓을 수 있고, 놀랄만한 결과를 얻을 수 있다.

잠재의식 자극하기
머릿속에 가장 먼저 떠오르는 단어를 노트에 적고, 다음으로 생각나는 단어를 이용하여 문장을 만들면 내면에 있는 느낌을 끌어올릴 수 있다. 자신이 무엇을 적고 있는 것인지 생각할 필요는 없다. 사소하고 바보 같은 것을 적고 있더라도 상관없다. 개인적이고, 은밀하며, 불확실하고, 어려운 생각들이 떠오르더라도 주저하지 말고 적어 내려가는 것이 좋다. 이렇게 적은 글을 그 누구에게도 보여줄 필요가 없다.

시작하는 방법은 다양하다. 다음 중 하나의 문장을 이용하여 5분 정도 시간을 할애하여 문장을 적기 시작한다.

"나는 ~을 절대 잊지 않을 것이다." "나는 내 삶이 정말 ~하기를 원했다." "내가 가장 싫어했던 것은 ~이었다." "만일 내가 정말 정직하다면~."

기억 떠올리기
이 방법을 활용하면 상처가 될 수도 있는 오래된 어린 시절의 감정을 안전하게 떠올릴 수 있다.

★과거에 대해 떠오르는 기억을 적는다. 아끼던 장난감, 좋아했던 애견, 집, 장소 등 기억할 수 있는 것을 적는다.

★오래된 사진을 보고 연관되어 떠오르는 것을 적는다. 그 당시 자신의 삶이 어떠했는지 떠올려 본다. 어떤 친구를 사귀었는가? 어디서 살았는가? 어떤 기분을 느꼈는가?

★과거에 알고 있었던 사람들의 이름을 적어본다. 돌아가신 부모님일 수도 있고, 어린 시절의 친구나 선생님일 수도 있다.

자신에게 가장 잘 어울리는 운동 찾기

자신이 좋아하고 가장 잘 할 수 있는 운동을 찾아보자. 운동을 하면 몸이 건강해질 뿐 아니라, 마음도 건강해진다. 운동을 하는데 있어서 가장 중요한 요소는 그 운동을 좋아해야 한다는 것이다. 고대 인도에서 몸과 마음을 치유하기 위해 사용했던 《아유르베다(Ayurveda)》를 활용하면 도움이 된다.

아유르베다는 사람을 세 가지의 기본 형태로 나눈다. 오른쪽에 있는 도표를 보면 자신이 아유르베다의 세 유형 중 어디에 속하는지 알 수 있다.

아래에 있는 도표를 보면 자신이 아유베다의 세 유형−바타(공기), 피타(불), 카파(땅) 중 어디에 속하는지 알 수 있다. '본능적으로 이끌리는 스포츠' 란에 나와 있는 운동은 각 유형에 가장 잘 어울리는 운동을 나타낸다. '균형을 이루기 위해 필요한 스포츠' 란에 있는 운동 중 하나를 병행하면 균형을 맞출 수 있다.

종류	바타(VATA)	피타(PITTA)	카파(KAPHA)
설 명	체구가 작고 성격이 활동적이며 쉴새 없이 움직이는 것을 좋아한다. 말이 많고, 질문이 많으며, 가만히 앉아 있는 것을 싫어한다. 몸이 빠르고, 가볍고, 민첩하며 근육이 많지 않고 참을성이 적다.	성격이 불같고, 공격적이며, 경쟁심이 강하고 말을 하는 것을 좋아한다. 리더의 역할을 자주 맡는다. 강하고, 체격은 보통 정도이며, 균형 잡힌 몸매를 갖고 있다.	카파의 특징을 갖고 있는 사람들은 바타나 피타의 특징을 갖고 있는 사람들보다 체구가 큰 편이다. 몸이 건강하고 참을성이 강하다. 느리게 움직이고 느리게 말하는 편이며, 본성이 온순하다.
본능적으로 이끌리는 스포츠	달리기, 단거리 달리기, 허들, 높이뛰기, 멀리뛰기, 릴레이 등 트랙 경기	경쟁심을 필요로 하는 스포츠(테니스, 스쿼시 등)	끈기와 힘을 필요로 하는 스포츠. 팀을 이루어서 하는 스포츠와 다른 사람들과 함께 어울리는 스포츠
균형을 이루기 위해 필요한 스포츠	안정적이지 못한 본성을 차분하게 할 수 있는 스포츠. 가벼운 조깅, 에어로빅, 산책, 하이킹, 자전거, 수영 등	경쟁이 지나치지 않은 운동. 자전거, 수영, 스키, 골프, 요가, 태극권, 기공 등	속도를 높이고 활기가 넘치도록 만들 필요가 있으므로, 지구력을 요하는 빠른 스포츠가 잘 어울린다. 테니스, 조정, 달리기, 강도 높은 에어로빅 등

티베트식 치료 방법을 이용한 균형 잡힌 식단

티베트식 치료법은 세 가지 기질(공기, 담즙, 가래)을 중심적으로 다룬다. 누구나 이 세 가지 중 한 가지 이상으로 인해 문제를 경험해 본 적이 있을 것이다.(옆 페이지 참조)

공기는 호흡, 화법, 근육 활동, 신경계, 생각이 진행되는 과정, 감정적인 태도 등을 관장한다. 담즙은 몸과 간, 소화계의 열을 다스리고, 가래는 체내의 점액질의 양을 다스리고 면역계를 담당한다.

티베트의 의사들은 이 세 가지 요소들의 균형이 깨졌는지 여부를 진찰하기 위해 맥박을 측정한다. 노련한 의사들은 맥박을 재는 것만으로도 95% 이상의 정확도로 확실한 병명을 진단해 내며, 기대 수명을 맞추는 경우도 있다. 또한 티베트에서는 소변을 채취하여 색깔, 냄새, 침전물, 거품의 지속도 정도를 살펴서 병명을 진단한다. 혀의 모양, 색깔, 침전물 등도 병을 진단하는데 중요한 역할을 한다.

티베트의 의사들은 일반적인 생활습관, 행동, 식생활 등에 대한 많은 질문을 하고 위의 세 가지 요소들의 균형을 맞출 수 있도록 조언을 해준다. 이렇듯 각 음식들은 이 세 요소에 각기 다른 영향을 미치고 개선시키기도 하고, 악화시키기도 하기 때문에 식생활이 중요한 것이다. 또한 티베트의 의사들은 음식의 양, 먹어야 할 때, 먹는 횟수 등에 대해서도 조언을 한다.

옆 페이지의 도표를 참조하면 어떤 음식이 자신에게 가장 잘 어울리는지 살펴볼 수 있다. 도표를 보고 자신에게 가장 잘 맞는 음식을 섭취하면 에너지를 증진시키고 건강한 생활을 할 수 있다.

자신은 어떤 타입에 속하는가?

자신이 갖고 있는 증상과 아래의 세 가지 기질을 비교하여 자신의 타입을 알아낼 수 있다. 아침에 가장 처음 나오는 소변을 깨끗한 통에 담는다. 소변을 관찰하여 자신의 타입을 알아낼 수 있다.(소변 분석은 티베트의 전통적인 진단 방법이다.) 그런 다음, 자신에게 알맞은 식생활을 따르면 된다.

기질	공기	담즙	가래
증 상	스트레스, 불면증, 변비, 요통, 피부 건조, 멍함, 떨림, 한숨, 고관절과 견갑골 통증, 이명, 불안한 마음	쉽게 몸이 뜨거워지고 땀이 많이 남. 갈증, 입 속에서 쓴맛이 느껴짐. 상체의 통증. 발열, 설사, 구토. 취침 직후에는 기분이 가볍고 즐거우나 오후가 되면 기분이 나빠짐	무기력, 소화 불량, 트림, 위 확장, 수냉증, 체중이 잘 줄어들지 않음. 수면 과다, 잦은 낮잠
소변	양이 많고 거의 투명함	노랗거나 갈색	색깔이 아주 옅고 거품이 많음
균형을 이루기 위한 식단	샐러드와 아이스크림 등과 같은 차가운 음식은 피하고 생강차 등 따뜻한 음료를 마신다. 닭고기를 포함한 고기국, 치즈, 양파, 당근, 마늘, 향신료, 시금치, 녹색 채소 등을 기본으로 하는 식사를 한다.	샐러드와 요구르트와 같은 차갑고 가벼운 음식을 섭취하고 물을 많이 마신다. 뜨겁고, 향신료가 많이 든 음식을 피하고, 견과류, 술, 붉은색 육류를 피한다.	생강(임신 초기에는 피한다.), 소두구, 육두구(조금씩 사용한다.) 등을 먹으면 소화기를 따뜻하게 하는데 도움이 된다. 페퍼민트(박하)도 좋다.(수유 중에는 사용하지 않는다.) 체중을 줄이고 싶다면 당분이 높은 과일은 피한다. 유제품도 피하는 것이 좋다.

※육두구(nutmeg) ; 방향성 건위제. 씨와 육질의 씨껍질은 음식의 향신료로 널리 쓰인다. 한방에서는 찬 기운으로 설사를 할 때, 배가 더부룩하고 아플 때, 토할 때, 아기가 젖을 토할 때 등에 3~6g 사용한다. 정유와 기름은 만성 풍습통을 치료하는데 쓰인다.

※소두구(cardamom) ; 생강과. 씨앗은 감각이 무디어졌을 때, 소화불량, 식욕저하, 몸이 찰때 사용한다. 일반적으로 종자상태로 쓰이나 때로는 거피한 종자나 분말상태의 향신료로 사용된다. 인도에서는 구강청정제, 힌두교에서는 종교의식에 사용하였다.

사랑 만들기

두 연인을 위한 로맨틱한 저녁을 만들기 위해서는 근사한 저녁 식사와 촛불 이상의 무언가가 필요하다. 그것은 바로 신비로운 풍수의 기운이다.

친밀함을 느끼기 위한 저녁 식탁

1 둥근 나무 테이블을 선택하면 친밀함을 고조시킬 수 있다.(너무 큰 테이블은 좋지 않다.)

2 자주색 계열의 옅은 보라색이나 옅은 자주색의 식탁보를 사용한다. 벨벳이나 실크 소재의 분위기 있는 특별한 천을 사용하는 것이 좋다.

3 상대방의 오른쪽에 앉으면 편하게 이야기할 수 있다.

4 촛불은 반드시 준비한다. 8cm가 넘는 초를 켜면 서로의 시선을 가로막게 되므로, 너무 긴 초를 고르지 않도록 한다. 초에 알맞은 조그맣고, 광택이 나는 장식용 유리 위에 초를 올려두면 된다.

5 꽃을 화병에 꽂아서 테이블 한쪽에 놓아두고, 대화에 방해가 되지 않도록 한다. 화병도 마찬가지로 자주색이나 옅은 보라색을 선택하여, 은은하면서 달콤한 향기가 나는 꽃을 꽂는 것이 좋다. 거칠고 투박하게 생긴 꽃이나 잎이 뾰족한 꽃은 고르지 않는다.

6 샴페인을 올려두면 로맨틱한 분위기를 만드는데 도움이 된다. 크리스탈로 만든 긴 잔을 사용하면 촛불을 반사하여 더욱 그윽한 분위기를 낼 수 있다.

7 테이블 위에 중국 철학에서 전해지는 오행|五行 ; 우주 만물을 이루는 다섯가지 원소|의 요소가 모두 배치될 수 있도록 한다. 와인이나 물을 담을 수 있는 병(물), 칼과 포크(금속), 초나 조명(불), 테이블(나무), 컵(땅)이 오행의 요소에 해당된다. 각각의 요소들이 모두 갖춰지면 우리를 둘러싼 모든 공간에 균형이 이루어진다.

8 가벼운 음악을 틀어놓으면 좋다. 그러나 음악을 틀 때에는 로맨틱한 분위기에 알맞은 노래를 잘 선택해야 하며, 서로의 대화를 방해하지 않도록 신경 써야 한다. 가벼운 클래식 음악이나 재즈를 틀면 도움이 된다.

9 조명은 은은하고 멀리 퍼지도록 하여, 테이블 위의 음식이 보이도록 한다. 조명이 너무 어둡거나 너무 밝으면 로맨틱한 분위기를 조성하는데 오히려 방해가 될 수도 있다.

요가를 통한 내면의 평화 찾기

하루를 마무리하면서 휴식을 취하기 위한 가장 좋은 방법은 요가이다. 요가를 하면 몸과 마음의 긴장을 풀 수 있고, 정신이 차분해지도록 도와주며, 체내 에너지의 균형을 바로잡아 준다. 5분 동안 다음 순서를 따라 요가를 하면 퇴근 후 저녁 시간을 더욱 멋지게 보낼 수 있다.

1 기본 시작 자세로 선다.
(p.16 참조)

10 1~8의 과정을 다시 거꾸로 반복한 다음 가슴 앞에 손바닥을 모으고 서서 마무리를 한다.

9 다시 숨을 부드럽게 들이마시면서 다리를 뒤로 뻗어 바닥으로부터 몸을 들어올린다. 얼굴은 바닥을 쳐다본다. 그런 다음, 상체를 뒤로 젖히면서 팔이 최대한 늘어나도록 한다.

8 부드럽게 숨을 내쉬면서 팔과 상체를 앞으로 뻗으면서 아래로 내린다. 엉덩이를 낮추어 종아리와 닿도록 한다. 앞으로 몸을 숙여 바닥에 머리가 닿도록 한다.

3 숨을 부드럽게 내쉬면서 팔을 앞으로 내린 후, 상체를 앞으로 숙인다. 이때 무릎이 구부러지지 않도록 한다. 손바닥이 바닥에 닿도록 한다.

2 숨을 들이마시면서 양팔을 머리 위로 들어올린다. 동시에 상체와 머리가 가능한 뒤로 넘어가도록 한다.

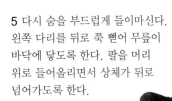

4 숨을 부드럽게 들이마시면서 무릎을 구부리고 엉덩이를 낮추어 쪼그리고 앉는 자세가 되도록 한다. 그런 다음 숨을 내쉰다.

7 다시 숨을 부드럽게 들이마시면서 오른쪽 무릎을 왼쪽 무릎 옆으로 옮겨 바닥에 댄다. 무릎을 꿇은 자세로, 팔을 머리 위로 들어 올리면서 불편하지 않은 범위 내에서 가능한 몸을 뒤로 젖힌다.

5 다시 숨을 부드럽게 들이마신다. 왼쪽 다리를 뒤로 쭉 뻗어 무릎이 바닥에 닿도록 한다. 팔을 머리 위로 들어올리면서 상체가 뒤로 넘어가도록 한다.

6 숨을 부드럽게 내쉬면서 손을 내려서 손바닥을 바닥에 댄다. 가능한 몸을 앞으로 숙인다.

9
하루의 마무리

하루가 끝나가고 있다. 잠을 잘 때에는 천천히, 부드럽게 에너지가 줄어들도록 해야 한다. 이 시간은 하루를 돌아보고 반성하며, 에너지가 부드럽고 차분해지도록 하는 시간이다. 잠자리에 드는 순간을 특별하게 만들어보자.

우선, 잠자리가 평화롭고 조용하고 안락해지도록 만들어야 한다. 침대는 모든 일상으로부터 벗어나 스트레스와 하루의 피곤함을 잊어버릴 수 있는 편안한 장소여야 한다. 일종의 피난처이자 회복 장소, 사랑하는 사람과 사랑을 나누는 곳, 꿈을 꾸는 곳이 되어야 한다.

지금부터 천천히 잠의 세계로 빠져들어 보자. 이를 닦고 바로 침대로 뛰어드는 것은 좋지 않다. 천천히 목욕을 하고, 달콤한 꿈을 꾸고 감기를 떨쳐버릴 수 있는 방법을 시도해 보는 것도 좋다.

만약 피곤한 기분이 들면 몸 속의 노폐물을 제거하는 것이 좋다. 물을 이용한 치료법을 활용하면 하루 동안 몸 속에 쌓였던 노폐물을 쉽게 제거할 수 있다.

편안하게 누워서 배우자와 함께 서로의 몸을 마사지해 주는 것도 하루의 피로를 푸는데 큰 도움이 돈다. 특히 발을 마사지해 주면 편안하고 차분한 기분을 느낄 수 있다.

모든 방법을 시도하였는데도 얼굴에 하루의 고단함이 묻어나는가? 그렇다면 얼굴의 젊음을 되찾아주는 마사지를 따라해 보자. 인위적인 방법을 사용하지 않고도 얼굴에 탄력을 줄 수 있다. 배우자와 좀더 친밀함을 갖거나 로맨틱한 분위기를 느끼고 싶다면, 고대 인도에서 전해지는 탄트라|Tantra ; 8세기 이후에 힌두교의 비교적(秘敎的) 성전(聖典)인 「탄트라」에 기초한 인도의 밀교. 민속신앙에 기인하여 발달하였으며 성(性)을 인정하는 것이 특징이다. 탄트라는 '날실'이라는 뜻이다.|를 응용하면 멋진 섹스를 할 수도 있다.

분주한 하루를 보낸 후에 에너지가 줄어들 기미를 보이지 않는다면, 이 장에서 제시하는 편안하게 잠을 자고, 불면증을 없앨 수 있는 방법을 시도해 보기를 권한다. 긴장되고 스트레스를 느낀다면, 5분 동안 긴장감을 없애주는 운동(p.126~127)을 해보자. 곧 몸과 마음이 편안해질 것이다. 자, 이제 잠 속에 빠져들었다.

이 장에서는 좋은 꿈을 꾸고, 평화와 이해의 마음을 불러일으킬 수 있는 방법도 제시해줄 것이다. 푹 숙면을 취하면서, 좋은 꿈을 꿀 수 있는 방법을 알아보자.

편안한 수면과 아늑한 침실 만들기

침실을 평화롭고 아늑한 공간으로 바꾸면 숙면을 취할 수 있다. 숙면을 취하면 일어났을 때 상쾌하고 에너지가 충만한 기분을 느낄 수 있다. 풍수의 기본적인 원리만 따르더라도, 힘든 하루를 보낸 후에 편안한 기분으로 잠자리에 들 수 있다.

더 아늑한 침실을 만들기 위한 풍수의 원리

■ 침실 내에 어질러져 있는 것들을 모두 치운다. 심리학자들은 주변이 어질러져 있으면, 마음이 편해질 수가 없다고 말한다. 무의식적으로 주변환경에 신경을 쓰게 되고, 무엇을 해야만 한다는 생각을 계속 하게 된다는 것이다.

■ 침실에서는 일을 하지 않는다. 만일 침실에서 일을 꼭 해야 한다면, 책상이나 일을 하는 장소 뒤에 스크린을 설치하여, 침대에 누워있을 때에는 일을 떠올리지 않을 수 있도록 한다.

■ 옷장이나 벽장 등을 주기적으로 청소한다. 아직 입을 수 있지만, 자주 입지 않는 옷들은 주기적으로 정리하는 것이 좋다.(자선 바자회와 같은 행사를 이용해도 좋다.)

■ 침대는 누워 있을 때 방문이 보이는 위치에 배치한다. 방문과 대각선 위치에 침대를 두는 것이 가장 좋다. 침대 머리 부분이 창문이나 출입구와 가까이 붙어 있지 않도록 배치한다.

■ 테이블이나 의자 등 침실에 두는 가구는 모양이 부드럽고 각이 지지 않은 것을 고른다. 모서리가 뾰족하고 튀어나온 것은 고르지 않는다.

■ 커다란 거울을 침실에 두지 않는다. 작은 거울을 두는 것이 좋고, 둥글거나 타원형 모양을 선택하도록 한다. 침대 맞은 편에 거울을 두지 않는 것이 좋다. 침대에서 보이는 위치에 거울을 두면 불면증이 생기거나 악몽을 꿀 수도 있다.

■ 침실을 꾸밀 때 색깔을 잘 선택해야 한다. 로맨틱한 분위기를 위해서는 핑크나 붉은색이 잘 어울리고, 연한 푸른색을 사용하면 마음이 편안해진다. 쿠션이나 양초는 밝은 핑크색이나 붉은색이 좋다. 침실 내에는 어둡고 짙은 색은 가급적 사용하지 않는 것이 좋다.

책과 장식품

침실에는 책장을 두지 않는 것이 좋다. 책장에 꽂혀 있는 책의 무게들이 마음을 분산시킨다. 가능한 장식품도 많이 두지 않는 것이 좋다. 장식품을 많이 올려두어 방안이 복잡해지고 먼지만 쌓이도록 하는 것보다 자신이 좋아하는 것 몇 개만을 두는 것이 좋다.

기분 좋은 공간

침실은 항상 아늑하고 즐거운 공간이어야 한다는 사실을 기억해야 한다.

■ 침대 위에 화려한 쿠션과 베개를 올려둔다.(쿠션과 베개 속에 라벤더나 제라늄을 넣어두면 숙면을 취하는데 도움이 된다.)

■ 부드럽고 은은한 조명을 사용한다. 눈에 거슬리는 천장 조명을 피하고 침대 곁에 둘 수 있는 아늑하고 부드러운 조명을 선택하는 것이 좋다. 가장 이상적인 조명은 초를 켜두는 것이다. 특히, 인공적인 향이 아닌 아로마테라피 효과가 있는 오일이 함유되어 있는 초를 사용하면 좋다. 라벤더나 카모마일 향은 마음을 편안하게 하고 숙면을 취하는데 도움이 된다. 일랑일랑|Ylang Ylang ; 말레이 · 자바산의 교목, 꽃에서 향유를 채취함| 나무와 백단향이 나는 초를 켜 두면 침실 속에서 파트너와의 사랑이 싹트도록 도와 준다. 그러나 잠들기 전에 꼭 초를 꺼야 한다.

■ 침실에 생화를 꽂아두면 특별한 분위기를 낼 수 있다. 여름 내내 밤(夜)의 향기를 더해줄 라벤더, 카모마일과 같은 식물상자를 올려두면 좋은 꿈을 꿀 수 있다. 화병에 달콤한 향기가 나는 장미, 히야신스, 백합, 스위트피 등을 꽂아두는 것도 좋은 방법이다. 또한 좋은 향기를 내면서도 벌레들을 쫓아주는 허브(라벤더나 시트로넬라 오일을 향수병이나 스프레이 병에 물과 함께 섞어 방에 뿌려도 효과가 있다.)를 키우면 숙면을 취하는데 도움이 된다.

■ 아로마테라피 오일용 버너를 구입하여 침실에 좋은 향기가 밤새 퍼지도록 한다. 침실의 향기가 익숙하지 않은 사람은 일랑일랑 나무, 백단향, 라벤더, 제라늄 향 등을 먼저 사용해 보자. 티슈에 라벤더 오일을 몇 방울 뿌린 후에 베개 밑에 넣어 두어도 도움이 된다. 그러나, 일랑일랑 향을 너무 많이 사용하는 것은 좋지 않다. 과용할 경우 두통이나 구역질을 유발할 수 있다. 또한, 임신 초기에는 라벤더의 사용을 피하는 것이 좋다.

■ 방안의 채광을 잘 조절해야 한다. 아침에는 환한 것이 좋지만, 밤에는 어두워야 숙면을 취할 수 있다. 커튼을 사용한다면, 계절에 맞게 커튼을 바꾸어주면 분위기를 전환하는데 도움이 된다. 겨울에는 벨벳이나 격자 무늬의 직물을 사용하면 따뜻한 분위기를 연출할 수 있고, 여름에는 바스락거리는 면 소재나 하늘거리는 보일|Voile ; 성기게 짜서 비쳐 보이는 얇고 가벼운 직물| 소재를 사용하여 시원한 분위기를 연출할 수 있다.

안전한 공간 조성

침실은 세상으로부터 보호받을 수 있는 안식처야 한다. 침실에서는 낮 동안의 걱정들을 모두 잊어버리고 안전하고 안락한 마음으로 머물 수 있어야 한다. 그러나 알레르기, 두통, 기억 손상, 우울증 등 침실 속에는 보이지 않는 위험 요소가 많다.

안전한 침대 만들기
침대와 침구에 사용된 천에는 가공을 위해 사용한 화학 물질이 뿜어져 나와 알레르기, 불면증, 피곤함, 기침, 피부 발진, 두통, 기관지 통증, 눈 따가움 등을 유발하기도 한다.

■ 가능한 침구류는 철이나 가공 처리하지 않은 나무 프레임을 사용한다. 오래된 것을 사용하는 것도 한 방법이 될 수 있다. 침대를 사용한 지 10여 년이 지나면 대부분의 포름알데히드|Formaldehyde ; 발암성분이 있는 실내오염물질. 새집증후군의 주요원인으로 나타나고 있다.|가 모두 공기 중으로 날아가 버리기 때문이다. 그러나 철로 된 프레임을 사용하면 침실 내의 전기장을 형성할 가능성이 있다.

■ 여름철에는 표백을 하지 않은 퍼케일|Pecale ; 시트 등에 사용하는 촘촘하게 짠 직물| 직물이나 유기농 공법으로 재배한 면으로 만든 침구를 사용한다. 겨울철에는 무명으로 만든 침구를 사용하는 것이 좋다. 경제적인 여유가 된다면, 천연 리넨|Linen ; 아마(亞麻)의 실로 짠 얇은 수공직물|으로 만든 침구를 사용하는 것이 좋다.

■ 방염 처리를 하지 않은 순면 매트리스를 사용하는 것이 건강에 좋다. 매트리스 위에 요를 따로 까는 것도 좋은 방법이다. 베개를 고를 때에는 가능한 면으로 만든 것을 선택한다.

■ 먼지 진드기에 민감하다면, 알레르기를 방지해 주는 항균 매트리스와 베개 커버를 구입한다.

전자파 없애기
전기나 전자 제품을 사용하면 전자파가 발생한다. 전자파는 두통, 구역질, 뇌종양, 유방암 등 다양한 질환과 관련이 있다.

먼지 속에 있는 먼지 진드기에 노출되면 민감한 사람의 경우 천식과 같은 알레르기성 질환이 생길 수 있다. 일반적인 매트리스나 베갯잇을 사용할 때 문제가 있는 사람이라면, 특수 항균 제작된 침구를 사용하면 먼지 진드기로 인한 피해를 최소화할 수 있다.

■ 가능하다면 침실에는 전자 제품을 두지 않도록 하라. 특히, 텔레비전과 컴퓨터는 침실에 두지 않도록 한다. 만일, 침실에 가전 제품을 둘 수밖에 없다면 가능한 침대에서 먼 곳에서 사용하는 것이 좋다. 1m 이상 떨어진 곳에서는 전자파의 영향력이 줄어든다.

■ 텔레비전을 켜 둔 채로 잠을 자지 말라. 잠을 자기 전에는 항상 텔레비전을 끄고 플러그를 뽑아야 한다.

■ 전원에 플러그를 꽂아서 작동시키는 알람시계를 사용하고 있다면, 배터리나 태엽 장치를 사용하는 시계로 바꾸도록 하라.

■ 전기 장판을 사용하면 밤새 전자파에 노출될 수도 있다. 잠자리에 들기 전에 플러그를 뽑아 두는 것이 좋다. 혹은, 따뜻한 물병을 이불 속에 묻어두어 침대를 데우는 것도 좋은 방법이다.

땅으로부터 발생하는 스트레스 없애기

수맥이 흐르거나, 땅 속에 광물이 묻혀 있거나, 집이 위치하고 있는 곳에 지질학적인 문제가 있다면 비정상적인 에너지장이 형성된다. 이러한 에너지장이 형성되면 사람의 에너지를 교란시켜 스트레스를 유발한다.

비정상적인 에너지장으로 인해 이혼, 악몽, 암 등이 생기는 경우가 점점 늘어나고 있다. 에너지장이 미치는 곳에서 생활하는 사람들은 항상 피곤함을 느끼고 쉽게 흥분한다. 뿐만 아니라 질병, 통증, 고통이 항상 떠나질 않는다. 에너지장으로 인해 어려움을 느끼고 있는 사람이라면 다음과 같은 방법을 시도해 보도록 하자.

■ 침대 아래에 코르크|Cork ; 코르크나무의 겉껍질과 속껍질 사이의 두껍고 탄력이 있는 부분. 보온재, 방음재, 구명 도구의 재료 등에 쓰인다.|로 만든 타일을 몇 주간 놓아둔다. 상태가 호전되면, 침대를 옮긴다.

■ 헤어 드라이기의 스위치를 켜고 드라이기의 한쪽 면이 몸에 닿도록 하면서 전신을 훑어 내린다. 헤어 드라이기가 큰 도움이 되리라고 여겨지지 않겠지만, 드라이기는 에너지장을 줄이는데 큰 도움이 된다. 일주일에 한 번 정도 이런 방법을 사용하는 것이 좋다.

전혀 그럴 것 같아 보이지 않지만, 헤어 드라이기는 에너지장의 효과를 줄이는데 도움이 된다.

배우자와 함께 마사지하기

마사지는 휴식을 취하고 하루의 피로를 날려버리기 위한 가장 쉬운 방법이다. 마사지를 통해 감각에 집중할 수 있으며, 자신의 몸이 나타내는 반응을 이해할 수 있다. 마사지 시 본능에 충실하며, 배우자에게도 마사지하는 동안 충분히 즐기고 있는지 물어보는 것이 좋다.

함께 휴식하기

1 촛불을 켜고 편안한 음악을 튼다. 편안한 기분을 느끼게 하는 라벤더나 카모마일 오일이나 로맨틱한 분위기를 만들어 주는 백단향이나 일랑일랑 향이 나는 오일을 버너에 넣어 향기가 퍼져 나가도록 한다.
※주의 : 임신 초기에는 라벤더를 사용하지 않으며, 임신 4개월 이전에는 카모마일을 사용하지 않는 것이 좋다. 일랑일랑 향을 너무 많이 사용하면 두통이나 구역질을 유발할 수도 있다.

2 베이스 오일(스위트 아몬드나 콩기름) 4ts에 에센셜 오일을 8방울 떨어뜨려 사용한다.

3 상대방을 마사지해 줄 때에는 적당히 힘을 주어 느리면서도 끊기지 않는 연속된 동작으로 한다.

4 등부터 마사지를 시작한다. 양쪽 엄지손가락이 척추 양쪽을 누르도록 하고, 나머지 손가락은 목을 향하도록 한다. 손가락을 천천히 위로 밀어 올려 어깨 부위까지 마사지를 한다. 가볍게 마사지를 하며 다시 시작 지점으로 천천히 내려온다.

5 등 마사지가 끝났으면 어깨, 팔, 다리 순서로 마사지를 한다. 엉덩이와 허벅지 부위는 부드럽게 주무르듯이 마사지한다. 엄지손가락과 나머지 손가락을 이용하여 피부를 들어올린 후, 꽉 쥐었다가 부드럽게 피부를 문질러 준 후, 반대쪽을 마사지한다.

6 손가락을 오므려 가볍게 주먹을 쥔다. 주먹의 관절 부분이 아닌, 손가락 끝 부분을 이용하여 몸 전체를 마사지한다.

7 어깨, 손바닥, 발바닥, 가슴 부위는 엄지손가락을 이용해 원을 그리듯이 마사지를 한다.

8 손을 컵 모양으로 오목하게 만들어 드럼을 치듯이 빠르고 가벼운 동작으로 피부를 두드려준다.

9 이제 느리고 부드럽게 피부를 두드려주면서 마사지를 끝낸다.

마음을 편안하게 만드는 에센셜 오일을 사용하면 마사지의 효과를 높일 수 있다.

평화로운 기분

부드러운 발 마사지만큼이나 편안한 기분을 느끼게 하는 것도 없다. 반사 요법과 마사지를 병행하면, 낮 동안의 피로를 말끔히 씻어버릴 수 있다. 배우자에게 다음에서 설명하는 방법을 따라 해 줄 것을 부탁해 보자. 배우자가 없는 경우, 직접 마사지를 해도 된다. 《아유르베다》의 가르침에 의하면, "밤에는 참기름을 사용하여 마사지를 하면 마음을 안정시키는 효과가 가장 크다."고 한다. 참깨에 알레르기가 있다면 코코넛 오일을 사용하는 것도 좋은 방법이다.

> **주의**
> ★임신한 여성은 발마사지를 할 때 아주 가볍게 해야 하며, 6단계는 하지 않는 것이 좋다.
> ★임신 중에는 숙련된 전문 마사지사에게 발마사지를 받는 것이 좋다.

편안한 발 마사지

1 뜨거운 물이 담긴 그릇에 볶지 않은 참기름 그릇을 넣어 중탕을 한다. 오른쪽 발부터 마사지를 시작한다. 손바닥에 오일을 뿌려서 부드럽게 마사지를 한다. 손동작을 크게 하여 오일이 잘 퍼지도록 한다.

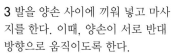

2 엄지손가락으로 작은 원을 그리듯이 움직이면서 발 구석구석을 마사지한다. 발바닥, 발뒤꿈치, 발목 순서로 마사지를 한다. 간지럼을 많이 타는 사람의 경우, 세게 눌러야 한다.

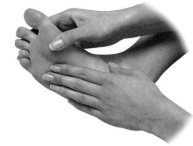

3 발을 양손 사이에 끼워 넣고 마사지를 한다. 이때, 양손이 서로 반대 방향으로 움직이도록 한다.

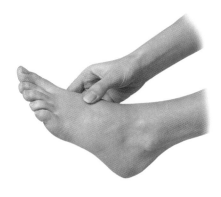

4 엄지손가락으로 작은 원을 그리듯이
발등 부분을 마사지한다.

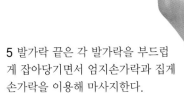

5 발가락 끝은 각 발가락을 부드럽
게 잡아당기면서 엄지손가락과 집게
손가락을 이용해 마사지한다.

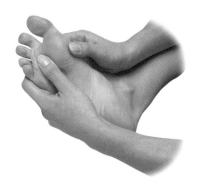

6 발가락을 끝을 마사지했으면, 계속해
서 엄지손가락으로 발바닥의 가장 넓은
부위를 문질러준다. 마사지를 받는 사람
이 너무 아파하지 않도록 신경을 쓰면서
마사지를 한다.

7 마지막으로 참기름을 손에 묻혀 이마
중앙 부위를 부드럽게 마사지한 후 마무
리한다. 이 부위를 마사지하면 마음
을 편안하게 할 수 있다.

숙면

몸이 쇠약해진 듯한 기분이 들거나, 감기가 걸릴 것 같은 느낌이라면, 사리염|瀉利鹽 ; Epsom Solt ; 황산마그네슘|을 이용해 목욕을 하는 것이 좋다. 이 방법을 사용하면 심신의 피로를 풀 수 있으므로, 잠자리에 들기 직전에 사용하는 것이 좋다. 또한 아래에서 자세히 설명하고 있는 허브와 아로마테라피를 활용한 목욕법을 따라 하면 피곤한 하루를 보낸 후에 기분을 전환할 수 있으며, 숙면을 취하고 좋은 꿈을 꿀 수 있다.

사리염 목욕

1 따뜻한 물을 받아 놓고 450g의 사리염을 물에 넣는다. 물속에 들어가 편안한 기분으로 몸을 담근다. 욕조에 몸을 담근 채 페퍼민트 차를 마시면 노폐물이 빠져 나오도록 하고, 증발한 수분을 보충할 수 있다. 수유 중이라면 페퍼민트 대신 백리향을 마시는 것이 좋다.

2 욕조에서 나올 때 머리가 어지러울 수도 있으므로 조심해야 한다. 수건으로 몸을 문질러서 말리는 것은 좋지 않다. 여러 겹의 커다란 타월로 몸을 감싼 후에 잠자리에 드는 것이 좋다. 발도 수건으로 덮어서 따뜻하게 유지해야 한다.

3 아침에 일어난 후, 수건을 몸에서 떼어내고, 따뜻한 물로 몸을 닦는 것이 좋다. 그런 다음, 몸에서 물기가 사라질 때까지 세게 두드리면서 문질러주면 된다.

좋은 꿈꾸기

1 건조한 허브로 차를 끓여 마시면 도움이 된다. 물 3ℓ에 건조시킨 카모마일, 린덴 꽃, 노란구륜앵초, 마편초, 선갈퀴를 3Ts씩 넣고 20여 분간 끓인다.

2 물을 끓이면서 목욕할 준비를 한다. 욕조 주위에 초를 켠

허브를 추출한 목욕물 만들기

허브를 이용한 목욕물에는 두 가지 허브 추출법이 있다.

1. 허브 우려내기(꽃이나 잎 등의 부드러운 부분 사용)
① 취향과 용도에 따라 허브를 선택하여 바스백에 넣는다.
② 바스백을 용기에 넣고 끓는 물 1ℓ를 붓고 20~30 정도 우려낸다.
③ 우려낸 물을 바스백과 함께 욕조에 넣는다.

2. 허브 달이기(종자, 뿌리, 수피, 열매 등의 단단한 부위 사용)
① 취향과 용도에 따라 허브를 선택하여 바스백에 넣는다.
② 바스백을 용기에 넣고 끓는 물 1ℓ를 붓고 약한 불에서 20분 정도 끓여 우려 삶아낸다.
③ 우려낸 물을 바스백과 함께 욕조에 넣는다.

허브 주머니(바스백) 만들기

거즈를 이중으로 하거나 옥양목을 준비해서 손바닥 정도의 크기인 주머니를 꿰매 끈을 끼워 놓는다. 그런 다음 만든 주머니에 허브를 한 줌 채워 넣는다. 이것을 바스백이라 하며, 바스백을 사용하면 허브를 취급하기 매우 쉽다.

다. 마음을 편안하게 해주는 은은한 음악을 튼다.(플러그를 꽂지 않고, 배터리로 작동할 수 있는 카세트를 사용한다.) 라벤더 오일을 넣고 버너에 불을 붙인다.

3 너무 뜨겁거나 차갑지 않은 적당히 따뜻한 물을 받아서 목욕을 하는 것이 좋다.(너무 뜨거운 물은 오히려 기운을 빼앗는다. 또한 너무 차가운 물은 기력에 자극을 준다.) 옥양목과 같이 발이 고운 천의 바스백을 이용해서 허브를 걸러낸 후, 허브를 달인 물을 욕조에 붓는다. 그런 다음 라벤더 오일과 카모마일 오일을 4 방울 정도 떨어뜨린다.

4 욕조 안으로 들어간다. 머리는 타월로 감싼 후 부드럽게 눈을 감고 마법의 욕조 속에 누워 있다고 상상하자. 숲 속, 멋진 해변, 아름다운 사원을 머속에 떠올려 보자.

5 하루 동안의 스트레스와 긴장, 모든 부정적인 생각들과 의심이 물 속으로 빨려 들어가는 모습을 떠올린다. 이제 모든 나쁜 요소들이 증발하여 사라져 버리는 모습을 떠올리자.

6 편안하게 누워서 긴장이 완전히 사라진 기분을 즐기면 된다. 옥양목에 걸러진 허브는 말려서 방향제로 사용해도 된다.

몸 속 해독 작용

물에는 치료의 기운 즉, 몸 속에 있는 독소를 제거하는 힘이 있다. 특히, 물이 뜨거울 때는 치료의 기운이 더욱 강해진다. 지치고 피곤한 기분이 들 때에는 다음 방법을 사용하여 몸 속에 있는 독소들을 배출하면 한결 기분이 좋아질 것이다.

해독을 위한 바디 팩

바디 팩('바디 랩'이라고도 부른다.)을 사용하면 사우나나 증기 목욕을 할 때처럼 땀을 흘려 몸 속 노폐물을 제거할 수 있다.

1 면을 차가운 물 속에 담근다. 물 속에서 꺼낸 차가워진 면을 짜낸 다음 피부 위에 올려놓는다. 이때 차가운 기운은 남지만 물이 떨어지지는 않도록 한다.

2 침대나 의자를 커다란 비닐로 덮는다. 그런 다음 비닐 위에 물에 적신 천을 올린다.

3 옷을 모두 벗고 그 위에 눕는다. 친구나 배우자에게 뜨거운 물 세 병을 준비해서, 한 병은 가슴 옆에, 한 병은 허리 옆, 나머지 한 병은 발 옆에 놓아두도록 부탁한다. 그런 다음, 머리 부분을 제외한 나머지 부분을 병과 함께 모두 천으로 감싸 달라고 한다.(이때 병이 뜨거우니 데이지 않도록 얇은 천으로 한번 감싼다.)

4 이 방법은 매우 복잡해 보일 수도 있지만 세 시간 동안 완벽하게 휴식을 취하고 노폐물을 제거할 수 있는 방법이다. 10~15분이 지나면 상당량의 땀이 나기 시작하고 잠이 들 수도 있다. 차가운 물에 적셔서 사용했지만, 치료가 끝날 무렵이 되면 물기가 거의 사라지고 없을 것이다. 뿐만 아니라, 몸 속에서 배출된 독소로 인해 차가웠던 면의 색깔이 변해있을 것이다.

어려 보이기

이 마사지 방법을 사용하면 얼굴에 있는 미세 근육들을 자극하여 건강해지도록 하고, 인위적인 방법을 사용하지 않고도 자연스럽게 얼굴에 탄력이 생기도록 할 수 있다. 매일 저녁 이 방법을 따라 하다 보면 그 차이를 발견할 수 있을 것이다.

젊음을 되찾아주는 마사지

1 손바닥에 5~10방울 정도의 오일을 떨어뜨리고 얼굴에 바른다. 아몬드 오일(모든 피부용), 올리브 오일(심한 건성 피부용)나 호호바 오일 (민감성 피부나 지성 피부용)을 사용한다.

2 소량의 얼굴 각질 제거제(잘게 간 오트밀 2ts과 유지방 농도가 높은 크림을 섞어서 사용한다.)를 손에 덜어서 얼굴, 목, 귀에 바른 후, 손가락을 이용해 가볍게 문질러준 후, 따뜻한 물로 헹구어 낸다.

3 손가락으로 원을 그리듯이 피부를 문질러 준다. 목, 턱, 볼, 귀, 귀 뒤쪽, 코 주변, 이마, 관자놀이 순으로 마사지를 한다. 따뜻한 물로 잘 헹구어 낸다.

4 가운데 손가락을 사용하여 다음 각 부위를 30초씩 시계 방향으로 마사지한다.(턱 중앙, 입 양쪽 끝, 인중, 윗입술)

5 광대뼈 중앙 부위를 마사지할 때에는 위로 퉁기듯이 밀어 올려주면서 마사지를 한다. 광대뼈 위의 눈 부위는 부드럽게 눌러준다. 이 부위를 마사지할 때에는 집게손가락을 사용하고 마사지를 하듯이 문지르는 것은 좋지 않다.

6 엄지손가락으로 눈썹 안쪽을 위로 밀어 올려준다. 눈썹 안쪽부터 바깥쪽으로 손가락을 움직이면서 꼬집듯이 퉁겨준다.

7 관자놀이를 부드럽게 마사지한다.

8 얼굴 전체에 알로에 베라|Aloe Vera ; 알로에는 백합과에 속하며, 그 중 가장 흔하고 널리 알려진 좋은 것을 '알로에 베라' 라 한다. '알로에' 는 아랍어로 맛이 쓴 물질, '베라' 는 라틴어로 진실을 뜻함|를 소량 발라준다. 평소에 사용하던 로션을 사용하여 마무리한다.

바이러스와 감기 떨쳐 버리기

감기의 초기 증상이 나타나면, 치료 효과가 있는 목욕법을 활용하는 것이 좋다. 다음 방법을 따라 목욕을 하면 감기가 계속 진행되지 않을 것이다.

감기를 물리치는 목욕

1 베이스 오일(스위트 아몬드, 호호바, 아보카도 오일) 4ts이나 고지방 우유에 라벤더, 베르가못, 티트리 오일을 두 방울씩 떨어뜨린다. 뜨거운 물에 직접 만든 위의 오일을 넣고 섞어준다.

※주의 : 임신 초기에는 라벤더 오일의 사용을 피하고, 피부가 민감한 사람은 베르가못 오일의 사용을 피하는 것이 좋다.

2 욕조 속에 몸을 담그고 20분 이상 편안하게 휴식을 취하는 것이 좋다.

> **주의**
> 에센셜 오일을 사용했을 때 피부에 자극을 느끼는 사람들도 있다. 직접 섞은 오일을 팔목에 묻혀 본 후 이상이 없는 경우에 몸 전체를 담그어 목욕을 하도록 한다.

관능적인 기분 느끼기

배우자와 로맨틱한 밤을 보내기 원하는가? 그렇다면 그에 따른 로맨틱한 분위기에 젖고 싶을 것이다. 각 지압점을 눌러주고 다음에서 제시하는 성욕을 불러일으키는 방법을 활용하면 멋진 밤을 보낼 수 있을 것이다.

열정을 불러일으키는 방법

1 기본적인 등 마사지부터 시작한다.(p.136~137 참조) 좀더 특별한 방법을 원한다면, 복숭아씨(도인) 오일이나 스위트 아몬드 오일 1ts에 일랑일랑 오일이나 백단향 오일을 4 방울 섞어서 마사지를 하면 더욱 관능적인 분위기를 만들 수 있다.

2 기본 마사지를 하고 나면, 척추를 따라 자리하고 있는 지압점을 눌러줄 차례이다. 엄지손가락을 이용해 엉덩이에서 가장 튀어나온 부분부터 고관절(비구관절) 부위까지 힘을 주어 부드럽게 눌러 준다. 척추 부위를 누를 때에는 너무 세게 누르면 안 된다. 7초 정도 누르고 있다가 손을 떼고 5초 정도 쉬었다가 다시 누르기를 반복한다.

3 배우자가 돌아눕도록 한다. 만일 마사지를 받는 사람이 남성이라면, 허벅지 윗부분과 성기 주위, 골반뼈 부위를 마사지할 때 손가락에 힘을 주어 세게 눌러준다. 이 부위에는 지압점이 많이 있기 때문에 세게 누르는 것이 좋다. 마사지를 받는 사람이 여성이라면, 치골(두덩뼈) 바로 위에 있는 부위를 눌러준다. (이 부위는 질 내부에 있는 G-스폿과 연결되어 있다.) 그런 다음, 가슴뼈 양쪽을 눌러주면 된다.(가슴 부위 지압점)

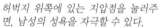

허벅지 위쪽에 있는 지압점을 눌러주면, 남성의 성욕을 자극할 수 있다.

멋진 최상의 섹스

고대 인도에서 전래된 《탄트라》에서는 사랑을 하는 행위를 통해서 신과 연결될 수 있다고 가르친다. 시각화, 호흡, 명상, 섹스가 모두 포함된다. 인도어로 '마이투나(Maithuna)'라고 하는 탄트라의 의식을 활용하면 빠른 시간 내에 놀랄만한 결과를 볼 수 있다.

탄트라 마이투나

1 정성을 기울여 잠자리를 준비한다. 침대 시트를 깨끗하게 하고, 매혹적인 실크나 공단 소재의 침구를 준비한다. 은은한 음악을 틀어 분위기를 만들고 생화를 꽂아둔다. 관능적인 기분을 자극하는 일랑일랑 향이 나는 오일이나 백단향 오일에 불을 붙이고, 밝고 붉은색의 초를 켠다.

2 접시에 작고 예쁜 스낵(너무 배부른 것은 좋지 않다.)을 담아두고 와인(술을 너무 많이 마시지 않도록 한다.)을 함께 준비한다.

3 목욕을 하고 가볍고 풍성하게 늘어지는 옷을 입는다.

4 상대방과 즐겁게 이야기를 나누고, 스낵을 먹고, 와인을 마신다. 서로 몸을 쓰다듬으면서 포옹을 하고, 상대방의 눈을 바라본다.

5 성교를 하기 전에 남성은 여성의 성기를, 여성은 남성의 성기를 떠올리면 더욱 쉽게 흥분할 수 있다.

6 서로 흥분한 상태가 되면, 남성이 부드럽게 여성의 몸 속으로 들어간다. 처음에는 천천히 움직이다가, 여성과 교감을 나누면서 남성이 부드럽게 더 깊숙이 들어간다.

7 그런 다음 잠깐 멈춘 상태에서, 서로의 눈을 바라본다. 서로의 차크라가 모두 연결되어 있다고 상상한다. 특히 생식기가 서로 연결되어 있는 모습을 떠올린다. 생식기 주위에 짙은 붉은 빛이 빛나는 모습을 상상한다.

8 호흡을 맞추며 상대방의 입을 향해 천천히, 깊숙이 호흡을 한다.

9 성기 부위에서 생성된 에너지가 척추를 타고 올라와서 몸 전체에 퍼져 나간다고 상상한다. 불편하지 않다면 가능한 오랫동안 이 자세를 유지한다. 유지할 수 있는 시간이 단 몇 분이라도 괜찮다.

흥분하기 위한 명상 방법

★남성 : 여성의 생식기 부위가 따뜻하고, 촉촉하고, 부드러우며 꽃처럼 열렸다가 닫히는 모습을 상상한다. 사향(麝香 ; 사향노루의 사향샘을 건조하여 얻는 향료. 어두운 갈색가루로 향기가 매우 강하다. 강심제, 각성제의 재료로 쓰인다.)의 부드러운 향에 정신을 집중하고 가슴 깊은 곳에서 들려오는 심장 박동, 땅 속에서 들려오는 느린 리듬, 삶의 박자를 느낀다.

★여성 : 남성의 생식기가 발기해 있는 모습을 떠올리면서, 머릿속으로 평소와 다른 느낌을 느껴본다. 패츌리(Patchouli ; 꿀풀과의 식물로 주로 잎을 사용하며 긴장을 풀어주는데 매우 효과적이다.) 향을 상상한다. 좀 더 빠르고, 강렬한 고동 소리를 느낀다.

불면증 치료

  잠을 자려고 하는데 잠을 잘 수가 없고, 머릿속에 온갖 생각이 떠올라 잠을 이룰 수 없을 때만큼이나 괴로울 때가 없다. 대부분의 불면증은 낮 시간 동안 몸과 마음에 쌓인 스트레스와 긴장이 잠을 자는 순간까지 사라지지 않고 남아서 생기는 것이다. 이 페이지에 나오는 이완 기법을 따라 하면 근심이 사라지고 숙면을 취할 수 있을 것이다.

이완 기법

1 침대에 앉아서 자신이 무엇을 걱정하고 있는지 생각해 본다. 머릿속에 떠오르는 것들을 적고 다음 날이 되면 모든 문제를 해결할 수 있을 거라고 얘기하며 스스로를 안심시킨다. 잠을 자려는 이 순간에 해결할 수 있는 것은 아무것도 없다.

만일 잠이 오지 않는다면 지금 현재 온갖 생각들로 마음이 복잡한 것이다. 이럴 때에는 바흐의 꽃 치료법에서 사용하는 방법을 따라 화이트 체스트넛 오일을 물에 타서 몇 방울 마시면 도움이 된다.

2 여전히 온갖 생각들이 머릿속에 떠오른다면, 화이트 체스트넛 오일|Bach white chestnut oil ; 바흐의 꽃치료법에서 사용하는 오일|을 물에 타서 몇 방울 마신다.

3 티슈나 손수건에 라벤더 오일을 몇 방울 떨어뜨려 베개 밑에 둔다.

※주의 : 임신 초기에는 라벤더 오일을 사용해서는 안 된다.

4 다시 편안한 자세로 누워 자신의 호흡에 정신을 집중한다. 의식적으로 호흡을 바꾸려고 하지 않는다. 부드럽게 눈을 감는다.

5 자신에 얼굴에 정신을 집중하고 얼굴에 긴장감이 있는지 생각해 본다. 1~2초 동안 얼굴의 긴장을 모두 수축시킨다. 그런 다음 완전히 긴장을 풀어준다.

6 이제 목에 정신을 집중한다. 근육을 수축시켰다가 긴장을 풀어준다. 같은 방법으로 어깨, 팔 윗부분, 가슴, 등, 팔 아랫부분, 손의 근육을 수축시켰다가 긴장을 풀어준다. 점점 몸 아래쪽으로 내려가서 배, 엉덩이, 허벅지, 종아리, 발의 근육을 수축시켰다가 긴장을 푼다.

7 여전히 긴장감이 느껴진다면 편안한 기분이 들 때까지 위 과정을 반복한다.

8 침대에 누워 있는 자신의 몸을 느껴본다. 자신의 몸이 땅과 연결되어 있다고 생각한다. 몸 속에 남아 있는 긴장감이 몸을 지나 땅 속으로 흘러가 버리도록 한다.

9 이런 방법을 모두 사용해도 소용이 없다면, 따뜻한 곳에서 아름답고 부드러운 햇살을 받으며 누워 있는 자신의 모습을 상상해 보자.(오른쪽 상단 참조)

10 자신의 몸과 몸이 해내는 훌륭한 일들에 진실된 감사를 표한다. 몸을 위해 영양분을 섭취하고, 운동을 하고, 편안하게 휴식을 취할 수 있는 시간을 생각해 본다.

11 부드럽게 깊고 평화로운 잠 속으로 빠져든다.

태양의 모습 떠올리기

햇살이 피부 속으로 스며드는 모습을 떠올린다. 부드러운 태양이 액체로 만들어진 금처럼 흘러내린다고 상상해 보자. 태양의 치유 능력이 자신을 정화시키고 밝은 빛으로 가득하도록 만들어 준다고 상상해 보자. 땅이 자신을 받쳐주고 태양이 어루만져 주는 기분을 즐기도록 한다.

정신 세계 분석하기

꿈을 꾸면 창조의 능력이 생겨나고 어려운 문제와 관계들을 해결할 수 있는 실마리를 찾을 수 있을 뿐 아니라, 내면 깊숙한 욕망과 두려움을 이해할 수 있다.

꿈 기억하기

꿈을 꾼대로 똑같이 기억해 낼 수 있는 방법은 없다. 지금부터 꿈을 기억하는데 도움이 되는 방법을 몇 가지 살펴보도록 하자.

■ 잠에서 깨어나자 마자, 잠을 자던 자세 그대로 가만히 누워서 생각을 하면 꿈을 기억해내는데 도움이 된다.

■ 일어난 후에 다른 사람에게 큰 소리로 꿈을 이야기 한다.

■ 침대 곁에 꿈을 기록하는 노트를 준비해 두고 일어나자마자 기억나는 대로 적는다. 꿈의 내용을 적고, 다시 읽어보면 꿈을 이해하는데 도움이 된다. 그림을 그리는 것을 좋아한다면, 꿈을 표현할 수 있는 형상을 그려보는 것도 좋은 방법이다.

■ 잠을 자기 전에 10여 분 동안 초나 물이 담긴 컵을 쳐다보거나, 아로마 향이 나는 허브를 태워서 향기가 퍼지도록 하거나, 좋아하는 음악에 맞추어 춤을 추면 꿈을 꾸는데 도움이 된다.

꿈을 이해하고, 자신의 꿈과 대화하기

자신의 꿈과 대화를 시도해 보는 것도 좋다. 의자나 쿠션을 두 개 준비한다. 준비한 쿠션이나 의자에 앉아서 나머지 하나의 의자나 쿠션에 꿈속에 등장한 사람이나 동물이 앉아 있다고 상상한다.

맞은편에 있는 상대에게 질문을 한다. 그런 다음 자리를 바꾸어서, 자신이 꿈속에 등장한 인물이나 동물이라고 생각하고 자신의 질문에 대답을 한다. 부끄러워하거나, 올바른 말만 골라서 하려고 하지 않고, 생각나는 대로 대답을 한다. 꿈속에 등장한 상대에게 자신의 모습을 설명해 보라고 요구하면 꿈속에 나타난 형상을 기억하는데 도움이 된다. 꿈속의 대상과 대화를 나눈 후에 깜짝 놀랄 수도 있다.

자신의 꿈을 생각나는 대로 그려본다. p.118를 보면 자유롭게 생각나는 것을 그리는 미술 치료에 대한 설명이 자세히 나와 있다. 만일 악몽을 꾸었다면 꿈속의 형상을 그린 후에 튼튼하고 두꺼운 울타리를 그리면 안전한 기분을 느낄 수 있다.

그림 속에 나타난 형상은 실제로 꿈속에 나온 형상일 수도 있고, 모양이나 색깔을 통해 꿈속에서 느낀 기분을 표현하는 것일 수도 있다. 다른 사람과 자신이 그린 그림에 대해서 이야기를 나누는 것은 도움이 될 수도 있지만, 다른 사람에게 그림을 해석해 달라고 요청하는 것은 올바른 방법이 아니다. 그저, 다른 사람에게 그림을 보고 어떤 느낌이 드는지 말해 달라고 하는 정도로 충분하다.

〈시각화 기법〉을 사용해 보자. 만일 불확실하고 혼란스러운 상황에서 꿈이 끝났다면, 잠에서 깬 후에 끝까지 꿈을 이어가는 것이 좋다. 긴장을 풀고 편안하게 심호흡을 하면서 다시 꿈을 꾸는 자신의 모습을 상상해 보자. 어떤 생각이 떠오르는가?

꿈속에 나온 등장 인물이나 동물과 이야기를 하다 보면 놀라운 결과가 나올 수도 있다. 꿈속에 등장한 대상에게, 정체가 무엇인지, 무엇을 상징하는 것인지, 어떤 의미를 갖고 있는지 물어보자. 이외의 다른 질문을 해도 괜찮다. 가만히 앉아서, 대상을 관찰하고, 그 대답을 주의 깊게 들으면 된다. 꿈속에 등장한 대상과의 대화를 통해 중요한 정보를 얻을 수 있을 것이다.

만드는 방법
모든 조리법은 4인 기준
(스무디는 2인 기준)

생선 구이
뜨거운 올리브 오일 1Ts을 팬에 두르고 30g 정도의 황새치 네 마리를 넣는다. 한쪽 면이 익으면, 뒤집은 후, 올리브 오일을 발라준다. 한쪽 면을 약 4분씩 굽는다. 방울토마토는 한 주먹을 덩굴과 함께 구우며, 이때 불의 세기를 가장 강하게 조절한다. 다른 프라이팬에는 올리브 오일을 1Ts 넣고 가열한다. 뜨거워지면 샐러리(좋아하는 녹색 채소를 함께 볶아도 된다.)와 줄기가 길고 잎이 푸른 양파를 썰어서 살짝 볶는다. 생선 위에 볶은 채소를 올려둔다. 그 위에 토마토를 올리고, 검은 후추와 손으로 찢은 바질(Basil ; 향미료, 해열제로 쓰는 박하와 비슷한 식물) 잎을 올린다. 황새치 대신 참치나 연어를 사용해도 된다.

스무디
믹서기에 얼음과 원하는 재료를 함께 넣고, 내용물이 섞어서 부드러워질 때까지 갈아준다.

썸머 베리 어택
블랙베리, 블루베리, 딸기 한 컵씩, 바닐라 향이 나는 두유 한 컵을 믹서기에 넣고 갈아준다. 계피가루를 갈아서 뿌리거나 꿀을 넣으면 맛이 좋아진다.(원하는 경우에만 사용)

캐럿 써프라이즈
당근 주스 1/2컵, 오렌지 주스 1/2컵, 작게 자른 파인애플 2컵, 작게 자른 멜론(감로 멜론이나 머스크 멜론 중 원하는 것을 사용한다.) 2컵을 믹서기에 넣고 간다.

트로피칼 딜라이트
큼직하게 썰어 둔 커다란 바나나 1개, 껍질을 벗겨 크게 썰어둔 키위 2개, 커다란 망고 1/2개(껍질을 벗기고 크게 썰어서 준비한다.), 직접 짠 오렌지 주스 1컵을 믹서기에 넣고 간다.

오트밀
오트밀은 가장 간편하게 준비할 수 있는 아침 식사이다. 한 사람 당 오트밀 1/2컵, 차가운 물 1과 1/2컵을 준비하여 스튜 냄비에 담는다. 냄비를 불에 올리고 4~5분간 저어주면서 끓인다. 건포도를 좋아하면 검은색이나 황금색 건포도를 뿌려준다. 취향에 따라 견과류, 씨앗, 썰어 둔 바나나와 과일 등을 넣어서 함께 먹는다. 좀 더 단맛을 원한다면 메이플 시럽이나 꿀을 조금 넣어서 먹는다. 두유를 넣으면 더욱 고소한 맛을 느낄 수 있다.

콩 요리
건조시킨 흰 강낭콩 1컵을 팬에 넣고 물 1ℓ를 넣는다. 팬을 불에 올리고 10분 동안 센 불에서 끓인다. 거품이나 찌꺼기가 뜨면 걷어낸다.
오븐용 그릇에 옮겨 담고 월계수 잎 2장, 녹인 설탕 170㎖, 검은 후추를 넣는다. 그릇을 덮고 약 8시간 동안 오븐에서 굽는다.(140°C의 온도에서 열을 가하고, 콩이 건조해지지 않도록 주기적으로 확인한다.) 토마토 페이스트 5Ts과 껍질을 벗겨서 썰어 놓은 토마토 6개, 잘라 둔 샐러리 1개를 넣는다. 다시 2시간 동안 조리를 한다. 밤새 오븐에 넣어두면 더욱 맛이 좋다.

야채 카레

카레 가루 1ts과 신선한 생강뿌리 3cm, 마늘 2통, 작은 양파 하나를 곱게 간다. 리크(부추의 일종) 3개, 작은 녹색 양배추 1개를 썰어서 준비하고, 강낭콩 1과 1/2컵을 준비한다. 당근 2개, 콩 한 주먹, 작은 꽃양배추 및 취향에 따라 좋아하는 야채를 썰어서 준비한다.

올리브 오일을 2ts 넣고, 갈아 놓은 재료를 볶으면서 코코넛 우유를 1과 1/4컵 넣는다.(저지방 카레를 만들고자 한다면, 우유를 끓여서 지방을 제거하고 사용하는 것이 좋다.) 재료가 끓기 시작하면, 리크와 다른 야채를 넣는다.

10분 동안 빠르게 조리를 하며 필요하면 물을 넣는다.(뜨거운 물이나, 끓인 우유를 붓는다.) 야채는 취향에 따라 익히면 된다.

밥과 함께 내도록 하고, 고수 잎과 볶은 아몬드를 곁들인다.

해산물 볶음

붉은 고추 1개, 줄기가 길고 잎이 푸른 양파 6개, 마늘 1통, 작은 버섯 2컵을 썰어서 준비한 후, 가열한 참기름 1ts을 넣고 볶는다. 해산물을 볶으면서 메밀국수를 뜨거운 물에 넣고 삶아서 준비한다.(4분 정도만 끓인다.)

취향에 따라 간장이나 생선 요리용 소스를 넣고 볶은 후에, 물을 1Ts 넣는다. 홍합 1kg 정도를 껍질째 넣고, 껍질을 깐 새우도 600g 정도 넣는다.(취향에 따라 다른 해산물을 넣어도 괜찮다.)

홍합 껍질이 벌어질 때까지 계속 볶아준다. 껍질이 벌어지지 않는 홍합은 버린다. 삶은 국수를 건져낸다. 홍합 껍질이 모두 벌어지면, 면을 넣고 함께 볶은 후에 먹는다.

하얀 콩 수프

커다란 냄비에 올리브 오일 2Ts을 넣고 가열한다. 중간 크기의 양파와 감자를 썰어서 냄비에 넣고 부드러워질 때까지 열을 가한다.

썰어 놓은 마늘 1통, 500g짜리 흰 강낭콩 통조림 2개에서 물기를 제거한 흰 강낭콩, 썰어 놓은 리크 2단을 준비하여 볶아주다가 닭 육수나 야채 육수를 붓는다.

감자가 부드러워질 때까지 끓인다. 믹서기에 넣고, 덩어리를 갈아서 다시 냄비에 넣는다. 신선한 파슬리와 썰어 놓은 파를 1Ts씩 넣고 함께 끓인다. 3분 정도 더 끓인 후에, 먹는다.

※리크를 구할 수 없더라도, 야채 카레와 하얀 콩 수프의 맛을 내는 데에는 아무런 문제가 없다.

따뜻한 치킨 샐러드

껍질을 벗긴 닭 가슴살 170g 정도를 볶은 참기름 1Ts, 갓 짜낸 레몬즙 1Ts, 겨자 1ts, 꿀 1dts(디저트 스푼 : Ts와 ts의 중간 크기), 곱게 간 검은 후추를 섞어 만든 양념에 1시간 이상 절여 둔다. 팬에 절인 닭고기를 넣고 중불을 가하여 골고루 익힌다.

여러 종류의 채소(냉이냉이를 구할 수 있다면 샐러드에 넣어서 먹는 것이 좋다.)와 청포도(씨가 없는 종류를 고르거나, 직접 씨를 제거할 수도 있다.), 송과, 파, 샐러리, 줄기가 길고 잎이 푸른 양파를 섞어서 샐러드를 만든다.

야채 샐러드 위에 뜨거운 치킨을 올리고 레몬즙 1/4컵, 백포도주와 식초 2Ts, 간장 1ts, 곱게 간 마늘 1통을 뿌려준다.

'현대인(現代人)'이란 단어는 곧 '바쁨, 스트레스, 긴장, 생존경쟁'과도 일맥상통한다. 그만큼 현대인들에게는 에너지와 같은 생기(生氣)가 부족하다고 할 수 있다. 바쁠수록 차분한 집중력이 요구되고 맑은 정신이 필요하다.

이 책은 자연치료법으로부터 얻은 단순한 기술로 최적의 건강과 활기를 하루종일 유지시키는 건강비법을 소개한다. 만일 이 책을 읽는 독자께서 〈자연치유학〉에 대해 관심은 있지만 정보가 부족하거나 생소하다면 이 책으로 시작하기를 권한다. 초심자를 건강한 삶으로 이끄는 이상적인 지침들이 빼곡이 들어있다.

이 책의 저자 제인 알렉산더(Jane Alexander)는 자연건강과 전인적(全人的) 삶에 대한 전문 저널리스트이자 작가이다. 데일리 메일(Daily Mail) 지(誌)는 제인을 '대체요법에 대한 영국 최고의 권위자'라고까지 칭하기도 하였다. 그는 〈자연치유학〉외에도 인간의 신성한 정신세계까지도 연구하고 있으며 독자들로부터 깊은 신뢰를 받고 있다. 또한 그는 전 세계로부터 얻은 기술과 신념체계를 분석하고 종합하는 재능이 특별히 천재적이라 할 수 있다. 사실 마음, 신체, 정신세계의 덜 알려진 부분을 대중화시켜 〈자연치유학〉을 웰빙시대의 거의 주류로 인정받게 한 점에서 매우 그 업적이 크다고 할 수 있다.

나는 제인의 책 중에서도 '매일같이 바쁜 현대인들의 항상 활기차고 생명력 있게 살기 위한 지침'이라는 부제만 보고도 자연건강 분야의 최고 전문가에게서 오랜 세월에 걸쳐 얻어낸 엄청난 정보가 있음을 바로 알 수 있었다.

인간의 전인적인 삶의 거의 모든 양상을 소개하고 있는 이 책은 수백 년에 걸쳐 결합된 지혜를 담고 있다고 말할 수도 있겠다. 대체요법, 계절에 따른 삶, 풍수, 주변정리, 독성제거, 아로마테라피, 의식세계, 영성, 신성한 가정 꾸미기 등을 다루었으며, 그 속에서 실질적인 삶을 두드러지게 하여 현실세계의 코드에 맞는 삶을 제대로 조명하고 있다.

요즈음과 같이 웰빙 바람이 선풍적인 유행이 되어버린 현실에 있어, 우리 주변에는 너무나도 많은 자연치료법이 산재해 있다. 그 중에서 무얼 선택하는가도 꽤 고민스러운 일이 아닐 수 없다. 여러 운동법의 난해한 실천, 나에게 가장 적합한 치료법을 선택하는데 고민하고 있다면 이 모든 것을 해결해 줄 책이라고 감히 말하고 싶다.

　복잡한 조사와 결정을 하는 모든 수고와 딜레마를 없애주고 진정으로 분명하고 효과적인 방안을 제시해줄 것이다. 현대인들의 하루 일과를 기상에서부터 잠자리에 들기까지 너무나도 상세히 설명한 이 책은 바쁜 사람이 현대 세계에서 살아남는데 필요한 모든 것을 제공한다.

　이 책은 5분 안에 즉시 참고할 수 있는 책이다. 에너지가 떨어지거나 스트레스 수치가 올라갈 때, 책을 대충 훑어보기만 해도 내게 적합한 회복방법을 알아낼 수 있다. 더 나아가 이 책을 완전한 생활양식의 지침으로 여기고 건강한 삶을 위한 청사진으로 활용할 수도 있다.

　삶이 진정한 궤도에 오르기를 진정으로 바라고, 몸이 마음과 영혼과 완전히 조화되기를 바란다면 이 책의 제안을 많이 실천하면 된다. 많이 시도할수록 느낌이 좋아질 것이다.

　이 책에 소개된 운동과 기술이 효과적일 뿐만 아니라 재미도 있다는 것을 알게 되기를 간절히 바란다. 건강한 습관을 만드는 열쇠는 즐거운 일들을 발견하는데서 시작된다. 삶이란 즐기기 위한 것이며, 그래서 나는 여러분이 건강하고, 에너지가 충만한 인생을 살기를 바란다.

이 상 민

찾아보기

【ㄱ】

간의 해독 37
감각 83
감기 보충제 38
감기를 위한 허브요법 39
감기와 치료 38-39, 140, 144
감기치료를 위한 스팀요법 38
감정 느끼기 119
개인의 영역 83
건강한 식사 28-29
공기정화 식물 63
관능적인 기분 느끼기 145
구토와 소화불량 34
그림치료 118
긍정적으로 얘기하기 51
기공 16-17, 48, 75, 98-99
기공의 기본자세 16
기분전환을 위한 음식 114-115
기억력 향상을 위한 음식 92
긴장 없애기 44, 46, 50, 69, 78
긴장완화를 위한 에센셜 오일 69
꿈 150-151

【ㄴ】

논쟁 78
논쟁 해결하는 방법 78
논쟁을 위한 에센셜 오일 78
눈의 피로 풀기 70-71

【ㄷ】

다이어트 28

【ㄷ】

대비훈련 22
댄스 치료 116
독소 배출 13, 37, 141
등 곧게 하기 43, 64, 65
땅으로부터의 스트레스 135

【ㄹ】

레이키 체조 111
로맨틱한 분위기 124
림프계 13, 37

【ㅁ】

마사지 136, 138-139, 142
마사지를 위한 에센셜 오일 136
마음의 집중 23, 111
만트라 23
명상 23
목욕 140-141, 144
몸과 마음 깨우기 11, 12
몸과 마음의 균형 맞추기 96-97
몸의 균형 다시 찾기 98-9, 100-101
문장 만들기 119
문제해결 118
미래지향적인 생각 106-107

【ㅂ】

바디 랭귀지 82-83
바로서기(기공의 기본자세) 16
바이오댄스 116
바흐의 꽃 요법 7, 78, 84
반동 18-21

발 마사지 138-139
불면증 148

【ㅅ】
사리염 목욕 140
사무실에서 목 바로 하기 64, 65
새집증후군 62-63
성공을 위한 옷차림 24-25
성공을 위한 훈련 22
세 가지 두드리는 방법 98-99
섹스 146
소리 명상 100
소리 치료 44
손목, 발목 운동 49
손바닥을 이용한 명상 94
수줍음 76-77
숙면 140, 148
숙취 36
숙취를 위한 허브요법 36
숙취해소를 위한 에센셜 오일 36
스무디 30,32, 152
스트레스 풀기 47, 50
스트레치 12, 14-15, 108-109
신경언어프로그램(NLP) 22
실망감 86-87

【ㅇ】
아늑한 침실 132
아로마테라피를 통한 시각화 146
아유르베다와 운동 120, 121
아침식사 27, 30-31, 152

안식처로서의 침실 130, 134-135
어깨 들썩이기 49
언어를 이용한 의사소통 83
얼굴 마사지 142
업무공간 55, 56-57
업무공간을 위한 에센셜 오일 57
업무적인 약속 80, 92
업무환경 62-63
에너지 공급 72, 96-97
에너지 재충전 50, 92
에너지 충전을 위한 음식 92, 114-115
에너지의 균형 50, 126
열정 불러일으키기 145
우울함 떨치기 84-85
우울함을 위한 에센셜 오일 85
우울함을 위한 허브요법 85
우자이 호흡 47
운전중 받는 스트레스 46
운전중의 긴장 45, 46
원기 재충전 94
원기회복 기본동작 72-73
위급한 상황에서 정신적으로 위안이 되는 것들 42
음식 만드는 법 152-153
음악 치료 42, 88-89
음악을 통한 기분전환 88-89
이완기법 148-149
인신술 50
일은 잊어버리고 휴식하기 108-109

【ㅈ】
자동차 42-43

자세 43, 64, 65, 74
자신감 회복 74-75
자신의 몸과 협상하기 76
잠재의식 119
장시간 비행으로 인한 피로 50
전문적인 경력 쌓기 58
전자파(자기장) 62, 134, 135
전환기법 22
점심시간 91, 92-93
정신세계 126, 150
정신적인 상징물 42
정장과 색상의 관계 24-25
주의집중 45, 51
즐거움 88-89
진드기 134
집에 돌아와서의 기분전환 110
집중 68-69

【ㅊ】
차분하게 만드는 식사 114-115
차분한 기분 유지 47, 48-49
차분한 마음 23, 50, 111
차크라 100, 101
책상 55, 58, 60-61
책상을 신성한 장소로 바꾼다 37, 14
책상정리 56
친밀한 관계형성 82-83
친밀한 사람과의 저녁식사 124

【ㅋ】
컴퓨터 사용 65

【ㅌ】
탄트라 섹스 146
태양예배 자세 14-15

티베트식 치료방법 122-123

【ㅍ】
풍수와 사랑 124
풍수와 일(업무) 57, 80
풍수와 책상정리 57
풍수와 침실 130
피부 두드리기 13

【ㅎ】
하루 시작 요소(태도) 11
하루를 위한 운동 18-21, 120-121
허브 요법 34
호흡훈련 47, 95
혼란스러움 없애기 42, 56, 130
활력이 넘치는 회의 80
휴식 111, 136, 148-149
휴식을 위한 에센셜 오일 48
흥분 가라앉히기 95
힘을 주는 옷 24
힘을 주는 자세 74

【기타】
5분 동안 원기 회복하기 68-69

하남출판사의 거북이 시리즈 안내

1. 남산스님의 약손요법 | 남산스님 저 | 12,000원

2. 세상이 즐거워지는 3분요가의 기적 | 미야마 사토시 저 | 9,000원

3. 氣의 건강법 | 하야시마 마사오 저 | 7,500원

4. 엄마랑 함께하는 아이의 건강체조 | 타마라 메이어 저 | 3,800원

5. 10년이 젊어지는 발 건강법 | 이시쓰까다오 저 | 8,000원

6. 무심행 禪체조 | 배규원 저 | 8,000원

7. 태극권 강좌 | 이찬 저 | 8,500원

8. 마음이 인생을 살아간다 | 황하룡 저 | 7,000원

9. 선도기공 단전호흡 | 김영현 저 | 9,000원

10. 성도인술(남) | 만탁치아 저 | 10,000원

11. 행운의 보석건강요법 | 마한비르 톨리 저 | 6,500원

12. 눈이 점점 좋아지는 책 | M.R.버렛 저 | 7,000원

13. 기공강좌 | 박인현 저 | 8,000원

14. 차크라 | 하리쉬 요하리 저 | 8,000원

15. 젊음을 되찾는 기적의 건강비법 | 박지명 편저 | 6,000원

16. 성도인술(여) | 만탁치아 저 | 10,000원

17. 실내트레이닝 | 코모리 요시사다 저 | 7,000원

18. 죽을병이 아니면 다 고친다 | 김창무 저 | 6,500원

19. 김용 교수의 생활속의 다이어트 | 김용 저 | 6,500원

20. 동양의학의 기원 | 박희준 저 | 9,500원

21. 신비의 쿤달리니 | 라시넬라 저 | 8,500원

22. 정자태극권 | 정만청 저 | 10,000원

23. 선도기공 시술법 | 김영현 저 | 12,000원

24. 참선요가 | 정경스님 저 | 9,000원

25. 인도명상여행 | 박지명 저 | 10,000원

26. 풍수와 건강궁합 | 유경호 저 | 8,000원

27. 불가기공 | 비로영우 스님 저 | 15,000원

28. 고급편 참선요가 80동작 | 정경스님 저 | 9,000원

29. 한방으로 풀어본 성인병과 노인병 그리고 양생법 김양식 저 | 10,000원

30. 기공마사지 | 만탁치아 저 | 8,000원

31. 기적의 두뇌혁명 | 미하엘함 저 | 7,500원

32. 기적의 암치료 혁명 | 아타미지로 저 | 9,000원

33. 잔주름 확펴고 군살 쪽 빼고 | 남산스님 저 | 8,000원

34. 남산스님의 수족온욕법 | 남산스님 저 | 10,000원

35. 숨을 잘 쉬어야 氣가 산다 | 조왕기 저 | 8,000원

36. 100특효혈 자극요법 | 김동옥 저 | 12,000원

37. 체질죽염이 병을 고친다 | 백승헌 저 | 8,000원

38. 활경요법 | 박재수 저 | 12,000원

39. 관절통증의 운동 치료법 | 김양식 저 | 15,000원

40. 만병을 지키는 산야초 요법 49가지 | 최양수 저 | 10,000원

41. 요가란 무엇인가 | 어니스트 우드 저 | 13,000원

42. 태양인 이제마의 동의수세보원 | 백승헌 저 | 12,000원

43. 알고 먹어야 병이 낫는다 | 김창무 저 | 10,000원

44. 10년이 젊어지는 티벳건강법 | 박지명 저 | 9,000원
    ★비디오 별매 : 45분 | 값 15,000원

45. 득도혁명 | 김영현 저 | 10,000원

46. 티벳요가쿰니(상) | 타르탕툴구 저 | 10,000원

47. 티벳요가쿰니(하) | 타르탕쿨구 저 | 10,000원

48. 대뇌호흡혁명 | 김영현 저 | 10,000원

49. 태극권 비결 | 이찬 저 | 20,000원

50. 氣 막히면 죽는다 | 윤대규 저 | 12,000원

51. 100세를 즐기는 장수건강법 | 김양식 저 | 12,000원

52. 부자가 되려면 체질부터 바꿔라 | 백승헌 저 | 10,000원

53. 왕실의 궁중 건강비법 | 백승헌 저 | 10,000원

54. 참선요가교본 | 정경스님 | 15,000원
    ★비디오 별매 : 40동작 기초편(75분) 20,000원
                80동작 고급편(100분) 25,000원

55. 약이되는 산야초 108가지 | 최양수 저 | 15,000원

※상기 도서는 전국 모든 서점에서 절찬리 판매 중입니다.

The five minute healer

바쁜 사람들을 위한 5분 치료

초판 발행일 · 2005년 1월 15일
저자 · 제인 알렉산더
옮긴이 · 이상민
발행인 · 배기순
등록번호 · 제10-221호
등록일 · 1988년 5월 1일
발행처 · 하남출판사
주소 · 서울시 종로구 관훈동 198-16 남도BD 302
전화 · (02)720-3211   팩스 · (02)720-0312
홈페이지 · www.hnp.co.kr
e-mail · hanamp@chollian.net

ISBN 89-7534-214-X   03690